阳光未来丛书

U0624840

好孩子
三分爱七分教

陈镭丹　张大力／编著

内蒙古人民出版社

图书在版编目（CIP）数据

好孩子三分爱七分教／陈镭丹，张大力编著. --呼
和浩特：内蒙古人民出版社，2021.10
（阳光未来丛书）
ISBN 978-7-204-16836-1

Ⅰ . ①好… Ⅱ . ①陈… ②张… Ⅲ . ①家庭教育
Ⅳ . ①G78

中国版本图书馆 CIP 数据核字（2021）第 172185 号

阳光未来丛书
好孩子三分爱七分教

编　　著	陈镭丹　张大力	
图书策划	石金莲	
责任编辑	晓　峰　郭婧赟	
封面设计	宋双成	
出版发行	内蒙古人民出版社	
地　　址	呼和浩特市新城区中山东路 8 号波士名人国际 B 座 5 层	
印　　刷	内蒙古爱信达教育印务有限责任公司	
开　　本	710mm×1000mm　1/16	
印　　张	10.75	
字　　数	180 千	
版　　次	2021 年 10 月第 1 版	
印　　次	2022 年 2 月第 1 次印刷	
印　　数	1—2000 册	
书　　号	ISBN 978-7-204-16836-1	
定　　价	32.00 元	

如发现印装质量问题，请与我社联系。联系电话:(0471)3946173　3946120

前　言

　　孩子兴趣的产生往往是在小时候。不同的年龄段，由于各自不同的素质，孩子的兴趣往往有自己的独特性。孩子兴趣的发展和表现，往往是他天赋和素质的先兆。家长要经常问一问孩子的兴趣是什么，要引导孩子不断发展兴趣。有位学者曾把孩子学习的兴趣和向上的积极性比作父母撒在孩子心田里的一粒小小的火种。当父母将这粒火种在孩子心中点燃的时候，就像面对需要点燃的一堆柴草，小小的火种落在上面，风大了就会被吹灭，风小了燃不起来，柴草太紧了不透风，太松了又聚不起火，柴草潮湿了还不行，这时候，你要小心呵护这小小的火苗，要"哄"着它一点点燃起来、旺起来，最后成为熊熊烈火。

　　6~12岁这一时期是培养孩子兴趣的好时期。因为这一时期孩子的神经系统发育迅速，他能适应和接受一些技巧、技能的训练，性格也已具雏形，兴趣相对稳定，并且具有一定的自控能力，还有较为充裕的学习时间。所以，抓紧这个黄金时期让孩子参加兴趣班学习一些特长是完全可行的。但需要提醒父母们注意的是，过分勉强孩子学习会适得其反。因此，父母给孩子报兴趣班之前，一定要调查清楚孩子的兴趣点在哪儿，根据孩子的兴趣来选择。让孩子做自己最感兴趣的事情，是激发孩子自觉、主动学习的最佳方法。父母们切忌把自己的主观臆想当作孩子的实际兴趣，甚至将自己的兴趣强加给孩子。

　　灵活的学习方式有助于培养学习兴趣，提高学习效率。有些孩子愿意自游戏中掌握知识，有的却愿意学别人做事，每个孩子的最佳学习方式不同，因此，家长要选择学习方式灵活的兴趣班。

　　如果给孩子制定太高的目标，孩子会因太难而丧失信心，从而放弃努力。家长可以时常为他制定一个近期能够实现的目标，这样，孩子就会满怀信心地去学习了。

本书详细地阐述了孩子成长过程中"养与教"的区别，提出了"以教为先，重在教"的观点。父母要能说会听，及时沟通，清楚隔阂，清扫孩子内心的尘埃，帮孩子营造一片晴朗的天空！父母运用恰当的语言能搭建起与孩子心灵对话的七彩之虹！父母用心倾听才能捕捉到有效信息，找准教育的切入点。

教育在学校，培养在家长！培养好孩子只有一条路径可走，那就是父母要真正地了解并用适当的方法教育自己的孩子。

本书着重强调"三分、七分"是很有创意的，那就是让父母们在哪方面该用三分精力，在哪方面该用七分精力。"三分爱呵护"，强调家长要关注孩子的养育，每个孩子的个性必须得到尊重。"七分在培养"，说明科学的教育对孩子的一生产生决定性的影响。

本书能够顺利在一年多的时间里编写完成，离不开诸多学者和创作伙伴的精心协作和努力。在这里要特别感谢徐凤敏、陈镭丹、贾瑞山、晶晶、元秀、张大力、邓颖，感谢你们的努力与付出。在此付梓之际，一并向你们表示衷心感谢！

编委会

目　录

第一章

培养教导孩子学习才有未来

阳光未来丛书
好孩子三分爱七分教

YANGGUANG WEILAI CONGSHU
HAOHAIZI SANFENAI QIFENJIAO

告诉孩子读书才是你的出路

现在，为数不少的家庭中，父母对孩子读书常常表示一种无所谓的态度，一种新的"读书无用论"由于父母的误导，严重地影响着孩子，尤其是影响着在校孩子的学习。

有一个孩子刚刚上完小学，在假期里做着上初中的准备。他的爸爸在城里做小生意。一天，他的爸爸回家，看见孩子在学习，就说："还学什么，读完小学就行了。以后跟我进城摆小摊儿挣钱去。"

还有一个小孩儿，他对爸爸妈妈说："我的梦想是读小学、中学到大学，一直读到硕士学位。"他的爸爸扭过头来劝孩子说："读到什么学位都没有用，你没听说硕士生到头来还是在卖猪肉？"

像这样的例子，简直不胜枚举。

有一位父亲，他的小儿子大学毕业后工作没着落，这让父亲很伤心。乡亲们说得更直接："大学毕业都找不到工作，看来，这书也没什么读的了。""你大儿子没读什么书都可以赚一千多元，小儿子大学毕业还要你出钱养，读了书还比不上没读书的，读书作用不大啊……"

十年寒窗苦，一毕业即失业，这固然让人哀伤。但是更让人唏嘘的是，把读书当作发家致富的工具，看到大学毕业后的现状和预设的前景格格不入，便得出"读书无用论"的判断，这是一种误解。

某大学生说："我以前是村子里小孩子们学习的榜样，如今的榜样是我那个初中毕业就去打工的弟弟。"有的农民说：读了大学也难找工作，这书怕是读了也没什么用——就业难使农村渐渐出现了新"读书无用论"。

其实大家嘴上说上不上大学没什么差别，不上也罢，但是不会没有差别的。说没差距那是骗人的，大学里的老师、同学和各种活动，让一个很平凡的同学都会有所收获。其实上大学是进入一种氛围，我高中的一个老师说上学就是自己能力的提高的过程，就相当于游戏里的练级，大多数时候是靠自己打怪升级的。大学也是一个练为人处世、与人相处的地方，积累人脉的地方；也是一个人积累人生知识的地方，上大学学的知识，对一个人以后的发展或多或少会有影响的。就是什么也不学的大学生，他的思考方式也会和没上过大学的人有所不同的。

"读书"是民间对"教育"的通俗化表达，"读书信仰"的脆弱折射出教育对社会多元价值整合力量的式微。一种成功的教育，能形成一种独立的、不易受社会其他功利价值影响的价值判断，凝聚起社会对"读书"坚定稳固的信仰，有足够的影响力把分裂的社会群体牢固凝聚于"知识改变命运"的价值共识下，不因一时的利益损失而动摇。

为什么一些父母会产生"读书无用"的想法，并用这种想法去误导孩子？主要是因为我们的家长似乎很容易受到社会功利价值观的影响，没读书就出人头地、毕业了没找到工作、北大才子街头卖肉……这些新闻事件轻易动摇了人们对"知识改变命运"的信赖。

教育成本相对于社会平均收入的高昂，也滋生了公众对"读书信仰"的浮躁心态。在一个教育成本相对低的社会中，一个家庭不需要多大的付出就能送孩子接受教育，他们对读书之"用"就不会有那么迫切的回报心态，就能以一种从容平和的心态接受暂时的经济上的付出，坚守"知识终究会改变命运"的认识。如果送一个孩子要费很大的力气，要赔上全家人甚至全族人的养命钱和送终钱，他们自然会对回报迫不及待。高成本孕育的回报焦虑下，一旦遇到就业难的挫折，就会上升到对读书付出的怀疑上去。读书是否无用？这是伪命题。无论是求证于科学巨擘、财富新贵，还是举出学术精英、政界新秀为例，可以断言，这些硕博、才俊或成功者，其绝大多数都是因为学有所成，其成功的基础正是因为接受教育。再以我们周围大多数的金领、白领为例，这些人所取得的成就何尝不是拜读书所赐？所以，"知识改变命运"是已被证明和正在被证明的真理。

一时找不到工作就能说明读书无用吗？应该说，受过良好教育的和没有受过教育的人，其思维方式、谋生本领、处世能力和思想内涵等等是迥然相异的。从长远看，受过教育的远远比没有受过教育的更有前景。当然，也许能找出个别文盲或准文盲成才成功的例子，但显然这只是个例。在知识经济的时代里，"读书无用"永远也经不起推敲。

有些父母就是因为有"读书无用"的观点，致使孩子荒废学业，更耽误了大好前程，尤其是在孩子成长的大好时光里，终止孩子的受教育机会，改变了孩子的成长道路，导致他们一步步误入歧途，对孩子、对家庭来说，都是一种危险的身心伤害。

读书是提高孩子人文素质的重要途径。在我国的一些大学里，很多理科生对文科知识知道得很少，而一些文科生对理科知识了解也不多，由此看来，不同学科的孩子拥有不一样的思维方式和做人准则。那些文科倾向严重的孩子，往往把感情看得特别重，而那些理科倾向严重的孩子思维都非常严谨。一般来讲，理科知识对一个人的道德水准影响较小，而文科知识则完全不同。读书影响着孩子的人文素质的高低，父母要帮助孩子养成爱读书的习惯。

读书是开阔孩子视野、获取知识的一种学习方法，也是一种能给孩子带来无限乐趣的娱乐活动。

在我国的传统中，父母的价值观一般都会传给孩子，尤其是母亲，因为孩子跟母亲在一起的时间最长，母亲通过言传身教，来传递深刻的道德理念和文化价值。而在传统中，有很多没有文化的母亲，也成为中华民族的文化价值和伦理道德代代相传的传递者。

人究竟为什么读书？或者从另一个角度发问，读书到底有什么用？对孩子来说，读书是为了考上好学校，为了获取丰富的知识，为了提高修养，为了改变命运，为了就业，为了成名成家，为了报效祖国等等。

读书，也要扩大范围，不能只读一个学科的书，要像吃饭一样，吃多种蔬菜和杂粮，摄取多种营养——阅读各种各样的书。

16 世纪英国哲学家培根说过一句名言——"知识就是力

量"。他还说过："读史使人明智，读诗使人聪慧，数学使人缜密，博物使人深沉，伦理使人高尚，逻辑修辞使人善辩。总之，知识能塑造人的性格。"

而当今孩子读书，多数都是为了应付考试，只有很少的一部分是为了提高修养，愉悦心情，提高自己的人文素质。父母要注意培养孩子读书的习惯，一是要注意孩子的兴趣；二是要根据孩子的具体情况，选择不同的书。为了让孩子完善自己、充实自己的人生，为了明理——明做人的道理和办事的道理，需要读书、读好书，并把书读好。

父母要时常教育孩子，读书是为了提高自己的综合素质、培养高尚情操，不排斥孩子在读书中学习一些实用的技术和技巧，但是应该从读书中更加重视做人的艺术，从读书中提高自己的人文素养，在读书与做人的领域中，以强大的知识武装头脑，以美好的情趣陶冶性情。

读书要有耐心，要读得进，还要读得出，不能死读书，就像孟子说过的一样，只有先"苦其心志，劳其筋骨，饿其体肤，空乏其身，行拂乱其所为"，孩子长大后才能把从书中学到的知识用到生活中，才能做一个成功的人。

读书是孩子成才的必经之路，每一个父母都希望孩子成为有用之才，将来会在竞争中占得一席地位，显示出孩子的天赋和才能，造福于社会乃至全人类。从主观上看，成才的要素可归纳为知识、能力和素质。因此，不论在什么情况下，对孩子来说，读书的目的就是积累知识、培养能力和增强素质。

人文科学浩如烟海，博大精深，孩子的学习时间是非常有限的，因此，父母要帮助孩子结合他自己的实际情况，如专业特点、兴趣爱好等，有选择地学，从而建立自己的知识结构。

那么，在人文素质的背景下，该让孩子如何去读书呢？

（1）"好读书而不求甚解"。对孩子来说，他的知识面还不能够达到像专家教授一样能够把书研究得非常透彻，况且，孩子的智力水平也达不到，所以，父母要指导孩子在读书的时候，尽量多选择一些好书，只要求孩子掌握书中的大意，不必刻意要求孩子把每一个字词都理解得通透，也不要让孩子钻牛角尖。但凡读一本书，首要的任务是弄清作者的观念、本书的主旨，切不可被细节困惑。

（2）由约而博、由博返约。读书，要浅读，而不是让孩子随便翻翻就算读过了，如果能把书中的知识和现实生活联系起来，最好不过了。对于那些优美的短篇诗文，不宜匆忙读过，而要慢慢咀嚼玩味，品出味道来。有些一时读不懂、读不透的，也可以让孩子先把这些内容用笔做下记号，有空的时候，再拿出来翻看一下，可能有一天孩子会豁然开朗，真正领会到其中蕴藏的深层含义或艺术上的高妙之处。

当孩子读文学作品的时候，要让孩子发挥他的联想能力，指引孩子用自己的生活经验来验证作品中描述的生活，可以引发出自己的独特体会，不一定要与作者的意愿相符。除此之外，还要让孩子多了解作家的生平和作品产生的历史文化背景，就是所谓知人论世。学会把握自己的人生，把人生变成一种近距离的观察，使自己活得有滋有味。阅读要持之以恒，对于提高孩子的文学素质必然是大有益处的。

读书不单单是让孩子积累知识，还要让孩子学会拓宽、更新知识的本领，要养成一种经常上图书馆、逛书店的习惯，为提高孩子的人文素质打下良好的基础。

培养孩子勤于思考

卢瑟福是 20 世纪最伟大的实验物理学家之一，在放射性和原子结构等方面都做出了重大的贡献，被称为近代原子核物理学之父。他成为一个硕果累累的大科学家之后，仍然很重视读书和思考。有一天深夜，卢瑟福看到实验室亮着灯，就推门进去，他看见一个学生在那里，便问道："这么晚了，你还在干什么?"学生回答说："我在工作。"当他得知学生从早到晚都在工作时，很不满意地反问："那你什么时间思考问题呢?"

同样，世界首富比尔·盖茨从小最大的特点也是喜欢坚持不懈地思考。当母亲叫他吃饭时，比尔·盖茨置若罔闻，甚至待在他的房间里一整天都不出来。当母亲问他在做什么的时候，比尔·盖茨总是回答："我在思考!"有时他还反问家里的人："难道你们从不思考吗?"比尔·盖茨的头脑从来没有停过运转。据说，微软公司流传着这样一种说法："和大多数人谈话就像从喷泉中饮水，而和盖茨谈话却像从救火的水龙中饮水，让人根本应付不过来，他会提出无穷无尽的问题。"

这就是思考对于成功的巨大意义。成功的人都善于思考，勤于思考。卢瑟福的一生，就是思考和工作的一生，而比尔·盖茨之所以有今天的巨大成就，与他从小热爱思考不无关系。思考是创造力的源泉。

孔子说："学而不思则罔，思而不学则殆。"这句话将思考和学习的关系阐述得很透彻。思考在学习的过程中是非常重要的，如果不会思考，就不善于运用积累起来的知识，不善于总结经验，不会举一反三，学习的效果将大打折扣。

思考习惯的养成对于孩子以后思维方式的形成以及知识的积累都有很重要的作用。现在越来越多的家长都已经意识到让孩子学会思考的重要性，那么，如何让孩子学会思考呢？

（1）让孩子明白思考的重要性。在培养孩子思考之前，应该让孩子明白为什么思考很重要，要在实际生活中让孩子体会到思考的好处。孩子能体会到思考的乐趣和好处，就会喜欢思考。孩子对自己所接触的事物有自己的判断，得出判断的结果就是孩子的思考过程。孩子独立思考的过程，就是他们成长的过程。

（2）鼓励孩子发表自己的意见。在一个宽松的环境下，孩子更容易启动思维，积极思考。生活中，有些孩子往往不敢发表自己的意见，因为大人的权威让孩子心理上不能放松。孩子在任何情况下都应当被允许表达意见，允许意见和大人不一致。这对孩子思考能力的发展是至关重要的。

因此，父母要鼓励孩子发表自己的看法，发挥独特的思考。即便孩子说得不对，家长也不应该责怪孩子，要从另一个角度肯定孩子，然后给予孩子恰当的提示。

对于孩子的正确意见，家长应该给予鼓励，让孩子充满自信。孩子受到鼓励后就会积极主动地思考，这样也就达到了父母培养孩子思维能力的目的。

（3）保护孩子的好奇心。好奇心是引发思考的基础。好奇心是孩子的天性，孩子的学习兴趣往往是和好奇心联系在一起的。独立思考能力强的孩子，往往具有较强的好奇心。父母应该尊重孩子的好奇心，千万不要因为孩子提的问题过于幼稚就加以嘲笑，以免伤害孩子的自尊心。

好奇心是促使孩子去探索和思考的动力。作为家长，不仅要尊重、保护和正确引导孩子的好奇心，而且应努力激发他的好奇心，使孩子幼稚的好奇心发展为强烈的求知欲。对孩子提出的问题，要确切、通俗易懂、有条理地给以答复。这对培养孩子的想象力、思维能力有很大的帮助，使孩子强烈的求知欲和好奇心不至于泯灭，从小就能养成勤于思考、勇于探索的好习惯。

（4）给孩子创造思考的情境。父母向孩子提问，可以为孩子创造一个思考的情境。多角度的提问可以引发多角度的思考。例如，父母不妨假设，"假如世界上没有黑夜怎么办？""假如鱼儿长翅膀了会怎样？""假如世界上全是海洋，我们怎么办？"这样的提问可以激发孩子的想象力。

父母在与孩子的相处和交谈中，要经常采用平等讨论的方式，留给孩子自己思考的余地，父母可根据交谈内容经常发问，如"你觉得怎么做会更好""你为什么会这么想"等问题，以引起孩子的思考。

总之，为孩子创造一个思考的情境，让孩子在平等的气氛中长大，才能有开放的思维、愉悦的心境，才能培养出孩子的创造性思维。

（5）引导孩子思考，自己找到答案。让孩子学会思考是家长的责任。在生活中，孩子遇上难题时，一般都会向父母求助，一些孩子经常会说"妈妈，我不知道怎么做。""妈妈，你说怎么办吧！""爸爸，你帮我……"父母常常直接把完整的答案告诉孩子。慢慢地，孩子对父母的依赖越来越强，就懒得自己思考，指望父母直接给出正确的答案。

要知道，每个孩子都有一定的独立思考的能力，当孩子向父母求助时，父母首先要鼓励孩子认真思考一下。当孩子真的想不出来的时候，父母可以逐步提示，引导孩子思考。在提示后，父母要给孩子足够的思考时间，不要因为孩子思考较慢，就不耐烦地否定孩子的答题能力，马上将答案告诉孩子。孩子答错了，可用提高性的问题帮助他们思考，启发他们自己去发现和纠正错误。针对不同的孩子，家长可以利用生活中发生的具体问题，提供机会让孩子学会独立思考，学会自己面对问题，并想出解决问题的方法。

歌德说过：缺少知识就无法思考，缺少思考就不会有知识。

英国剑桥大学的迪·博诺教授说："一个聪明的人，也许他有很强的创造潜力，但是不一定很会思考。智力和思考的关系，就好比一辆汽车同司机驾驶技术的关系，你可能有一辆很好的汽车，但如果驾驶技术不好，同样不能把车开好。相反，尽管你开的是一辆旧车，然而驾驶技术高超，照样能把车开好。很显然，这里在智商高和会思考之间画上了不等号。"

孩子，你要做时间的主人

父母千万不要把孩子管得太"严"了，而应给孩子一定的空间，并从小培养孩子强烈的时间观念，告诉他们时间属于会利用时间的人。合理、有效地利用时间，就等于赢得时间，争取了学习和生活的主动。有效的教育方法，才能产生有效的教育结果。让孩子认识到时间的重要性，学会合理利用时间，这是生活中更重要的事情。

萍萍读三年级，在时间的分配上，没有太多的轻重缓急之分，经常是玩累了，才想起作业还没有完成。爸爸经常督促她，但效果不好，爸爸只好替她把时间安排好。

后来，爸爸发现，小区里有一个比萍萍小一岁的孩子，每当他没有完成作业，萍萍约他出来玩时，他都断然拒绝。于是，爸爸就在萍萍面前，用赞赏的话语夸奖那个小朋友懂事，有时间观念。"爸爸，我的时间不都是你安排好了的吗？"萍萍听出了爸爸的意思，不满地说。"你自己来安排学习时间好吗？""真的？""当然了，但是时间是很容易逝去的，拥有时间的时候，最重要的是应该学会怎么安排和利用，你自己试一试吧！"

第二天，爸爸送给了萍萍一台袖珍式收音机，并且跟她讲，在看书和做作业的空闲时间，可以听听自己喜欢的广播节目，还允许她看几个她喜欢的电视节目。除此之外，爸爸还注意监督萍萍的执行情况，以免她无限制地听广播和看电视。

孩子心理过程的随意性很强，自我控制能力较差。常常是一边吃饭，一边玩耍；一件事情还没有做完，心里又想着另一件事情；做事总是杂乱无章，缺乏条理。这时候，父母如果不加注意，就会让孩子养成"拖拉"的坏习惯，久而久之，这种坏习惯会根深蒂固。对于孩子来说，如果他有良好的学习习惯，他体现出来的能力也是超乎想象的。也就是说，只要孩子拥有良好的学习习惯，智力天赋并不高的孩子，也能够取得很好的学习成绩，也能够在学习中取得成就。在时间安排上，我们每一个人都应该向富兰克林学习。

富兰克林是美国著名的科学家，《独立宣言》的起草人之一。有人问他："您怎么能够做那么多的事情呢？而上帝也不多给您一点儿时间呀！"

"我有自己的时间安排，你看一看我的时间表就知道了。"富兰克林答道。他的作息时间表是什么样子的呢？

5点起床，规划一天的事务，并自问："我这一天要做好什么事？"

8~11点，14~17点，工作。

12~13点，阅读、吃午饭。

18~21点，吃晚饭、谈话、娱乐、回顾一天的工作，并自问："我今天做完了该做的事情吗？"

朋友劝富兰克林说："天天如此，是不是过于……"

富兰克林摆摆手，打断了朋友的谈话，说："这已经是我的习惯了。你热爱生命吗？那么，别无谓地浪费时间，因为时间是组成生命的材料。"

学会安排自己的时间，并让这种安排成为你自己的习惯，你就会在成功的路上，多一道希望的光芒。一些父母把自己未来的期望寄托在孩子身上，这是一件很残酷的事情。其实，不如让他们自己做选择。学习是一个终身的过程，孩子将要不断地经历学习、工作、再学习这样一个循环往复的过程。

当孩子不能很好地安排自己的时间，或制定的计划难以操作时，父母要给他一定的指导或建议，最好是和孩子一起制定，千万不能命令他、压制他。在时间安排方面，一定要提醒孩子，每天给自己安排玩的时间，或者是孩子自己特别想做的事情。有的父母认为，玩要会影响孩子的学习成绩，而他们却恰恰忽略了孩子的天性，所以结果往往是适得其反。正所谓"玩得好才能学得棒"，孩子学会安排自己的时间，提高学习效率才是关键。

总之，父母要培养孩子自我安排时间的能力。孩子能够科学合理地安排自己的时间，就会为自己的日常活动提出独立的、不依附于父母或其他人的规则或标准，这样的孩子就是一个独立自主的孩子。

从小培养孩子阅读的习惯

高尔基说过"书籍是人类进步的阶梯"，而阅读则是开启孩子智慧之门的金钥匙。阅读能让孩子开阔视野、陶冶情操，以达到提高学习成绩和学习能力的目的。养成好的阅读习惯，孩子一生都将受益。

从前，有一个波兰的小女孩，她特别爱读书，即使国家在战争中灭亡了，她仍然坚持用自己国家的语言加倍地学习。不管形势怎么变化，不论周围多吵闹，她都不会分心，这个女孩就是伟大的科学家居里夫人。

那些成功人士令我们仰慕，但是，当我们审视这些成功人士的生命时，我们会感到他们之所以能够成功，是因为知识的力量在左右着他们的人生，而知识最重要的来源就是读书。少儿时期是孩子读书的重要时期，更是人一生潜能发展的最佳时期，所以，父母要抓住关键时期，从小就培养孩子阅读的习惯。

孩子只有多读书，才能让自己的语言逐渐积累起来，才能拥有丰富的语言，才能提高口语表达能力和作文能力，才能出口成章。叶圣陶先生曾经说过："小学生今天做某篇文章，其实就是综合表达他今天以前的知识、思想、语言等方面的积累。"叶老先生的话很明确地指出了写作与积累的关系：阅读多了，积累也就多了，表达作文的能力也就强了，语言自然也就丰富多了。这些都要归功于阅读，因为孩子的书读得多了，就会把读过的知识内化为自己的语言，随着阅读量的增加，他的语言积累也就会越来越丰富，下笔自然也有"神"了。

并不是所有的孩子都喜欢读书，有的孩子觉得读书没什么乐趣，还不如去看电视或者是听音乐，小芳就是这样，她现在快小学毕业了，在学校成绩还算可以，属于中上等水平，虽然平时很少读书，但是她的口头表达能力非常强，亲戚朋友见了都说她是个聪明而且会说话的孩子，小芳平时不喜欢读书，只是经常坐到电视前看电视，说自己的口才都是从电视上学来的，读书不如看电视，看电视也可以增长知识，而且比读书更有乐趣。

现在，随着电子产品和网络的普及，很多孩子的阅读时间越来越少，阅读的范围越来越小，孩子的阅读兴趣也随着"读图时代"的来临而逐渐改变，甚至很多孩子都产生了排斥文字的心理，他们的课余时间逐渐被影像、电子游戏和卡通占据，文字阅读只占孩子阅读中的很小一部分。

现在很多家长也都发现了这个问题，他们呼吁学校要与家庭联起手来，共同改变孩子对文字疏远、冷漠的现状，培养孩子的阅读习惯，让孩子重新回归到正确的学习道路上。

《中国青年报》在 2001 年 8 月 6 日刊登的一篇题目为《网络与影视横行的年代，你冷淡了文字吗?》的文章提道：

"只要留心，人们就会发现，如今两三岁的孩子简直都是古怪精灵，一张小嘴表达能力特强。教育学家认为，这是大量电视信息对儿童刺激的结果，电视使他们的语言能力得到开发。但奇怪的是，这些孩子长到十几岁时却大多归于平庸，读写能力很差，比如前段时间传出的某次全国性考试，有学生面对考题无话可写，竟引用《大话西游》里的台词！教育学家认为，清晰表达思想的能力，必须通过大量的阅读才能获得，而电视无法培养人们的这种能力。在与电视依存的日子里，人们养成了远离书籍的坏习惯，就像与一位朋友在一起待久了，他的坏毛病会传染你一样。"

课外阅读，可以让孩子走进一个神奇、美妙的图书世界，而且还可以学到课本上学不到的知识，取得长远的知识效益。一本好书，就是一个好的老师，不仅会让孩子学习到更为广阔的书本知识，更重要的是还可以让孩子从书中获得人生的经验。对孩子来说，不可能事事都去亲身体验，书中的间接经验，将有效地补充孩子经历的不足，为孩子的学习和生活增添新的感受，还可以丰富孩子的想象力。

孩子在上学的时候想象力是最丰富的，而想象的过程又是孩子对大脑中已经存在的表象进行加工改造形成新形象的过程。因此，想象的产生离不开表象的积累，表象的积累又多来源于文学作品。一般来说，孩子可以从文学作品中积累各种各样的人物形象和景物形象，孩子的表象积累更快、更多，想象也就有了原料，联想起来更加容易。因此，阅读书籍可以大大提高孩子的表达能力，而文字没有固定的形象，孩子在阅读时，可以充分展开想象的翅膀，这也就是我们常说的"一千个读者心中就有一千个哈姆雷特"。

那么家长该如何培养孩子的阅读习惯呢？

（1）做个爱看书的父母。身教重于言传，如果父母平时就有爱看书的习惯，孩子也会在无形中受到父母行为的影响，这样孩子的阅读习惯培养起来会更加容易。

（2）不要让电视代替了孩子的阅读。如果孩子一回家就坐在电视跟前，不仅会浪费很多时间，而且对孩子的眼睛也是非常不利的，电视的辐射是造成孩子近视的重要原因之一，孩子的眼睛处于发育阶段，如果发育受到影响，孩子的大脑也会变得只能接受变化快速的影像，缺乏思考和创造力。而且电视还有许多不适合孩子看的节目，会给孩子的价值观念和生活态度带来很多不良的影响。

（3）让孩子远离电子游戏。现在电脑已经进入许多家庭，很多父母也能够认识到电脑的重要性，就时常把电脑交给孩子，让孩子自己去研究。但是，由于这个阶段的孩子没有明确的学习目标，再加上许多父母不具备指导能力，这样，电子游戏、网上聊天就成了孩子们在电脑上进行的主要活动。

作为父母，应该如何应对孩子的上网问题呢？第一，指导孩子多读书，让孩子有更多的选择，给孩子更多的娱乐方式，让孩子去发现，读书也是一种乐趣，从而避免孩子迷上电子游戏。第二，父母要多陪孩子看书，在陪孩子读书的时候，多为孩子选些有趣的书，培养孩子自己爱好的活动——读书。第三，跟孩子约定好，只能在规定的时间内玩电脑，还有把电脑和读书联系在一起，从电脑中阅读。

（4）养成固定的每天读书的习惯。韩愈有一句治学名言："业精于勤，荒于嬉。"所以，要让孩子养成勤奋读书的习惯，"三天打鱼，两天晒网"是成不了大事的。阅读要靠一天天的积累，偶尔读上两天，效果极为有限，一定要帮孩子每天安排一定的时间读书，一直到养成习惯为止。

（5）有意识地给孩子设置一些问题。这样做可以让孩子利用书本上的知识回答问题，给孩子运用知识的机会，让孩子感受到读书的巨大作用。

（6）为孩子办一张借书证。借书证是孩子"读万卷书"的开始，有了这张小小的借书证，孩子就可以在课余时间去图书馆读一些自己喜欢的书了，图书馆是书的海洋、知识的宝库，孩子在这里吸取营养，同时也会养成"泡图书馆"的好习惯。

（7）在家里建立一个小的读书空间。在家里给孩子专门设置一个读书空间，一个简易的书房，是促进孩子阅读的一个重要步骤，同时也体现了父母对孩子阅读的重视。而且，一个舒适、安静的读书环境，可以提高孩子阅读的兴趣和效率，促进孩子养成阅读的习惯。

"你或许拥有无限的财富，一箱箱的珠宝与一柜柜的黄金，但你永远不会比我更富有——我有一位读书给我听的妈妈。"这是《朗读手册》中的开篇语。难以形容当时我看到这句话时的喜悦，因为它，对我们长期在培养孩子阅读兴趣上的一些不自觉做法，是一种印证，更是一种鼓舞。

从孩子周岁起，每晚睡前，都要听我们讲故事。当时，担任这个任务的是她父亲。从《格林童话》中的"小红帽""狼和七只小山羊"到《安徒生童话》中的"丑小鸭""海的女儿"，甚至是他即兴而编的各种小故事，每天都会给孩子讲一个。最喜欢在冬夜里听他给孩子讲故事了。柔和的床头灯，温暖的棉被，孩子软软地躺在他的臂弯，听他低沉和缓的述说，那样的夜晚隐去了白天的繁杂和喧闹，变得无比单纯和澄亮。这样的时刻，总叫我不由自主地停下手中的活儿，倚靠过去，跟着沉浸在故事的温馨里，过了不久，孩子便带着满足的笑容甜甜地进入了梦乡！

所有的这些，都是毫无意识的，没有任何理论指导的。但我们很快发现，孩子很喜欢书，常捧着那些色彩艳丽的书本翻弄不停，不时地还带着令人捧腹的发问。一到夜晚，便扯着书，嚷着要听故事。

如今，孩子已上三年级了，她已经不再嚷着要听故事了，而是常缠着我带她逛书店。她学会了自己看书，迷上了书，成了出名的小书迷。她的阅读速度越来越快，阅读兴趣也已经十分广泛。从《百科全书》到《水浒传》，从侦探故事到国际大奖小说系列，从唐诗宋词到各类儿童诗歌，从爷爷的报刊新闻到爸爸订的各类杂志，这些都赋予了她开阔的视野、活跃的思维，以及丰富的情感。

每天晚上，我们都有一段亲子共读的美好时光。一个故事，一本书，大家轮着读。这一段，你读；接下来一段，他读。就这样一页一页地读，一本一本地读，偶尔说说看法，发发评论。夏天，是令人着迷的，在炎热之后是夏夜晚风的清凉，此时，孩子就把《堂吉诃德》给抱过来了。于是，我们肩并着肩，开始大声读书。念着念着，孩子会发问："妈妈，堂吉诃德第二次出游，又会发生什么事呢？"

"是呀，我也想知道！"

"妈妈，你不觉得桑丘很无辜吗？"

"是这样的，因为他的无知。"

有时候，她忽然来了兴致，对下面的内容好奇得不得了，就要求着："妈妈，再多读一章好吗？""妈妈，你想不想继续？"

"想，继续吧，妈妈想永远这样读下去！"我回答。这样清朗和无忧的夜晚，唯愿它不停地延续着，一直到孩子的中学、大学、成人……抬头和孩子他爸相视一笑，是彼此希望的交流，晚上九点，这是我们一天中最美好的时刻！

把阅读跟美好的体验、愉悦的情绪紧密地联系在一起，长此以往，像每天需要快乐一样，阅读兴趣就自然而然地养成了。

培养孩子专心，一次只做一件事

孩子可能会有很多兴趣点，经常不能让自己安静下来，无法全神贯注。有这样一句话："给他吃的不如教给他怎么去找吃的。"当老师教给孩子知识的时候，同时培养孩子听讲的能力，就既能让孩子的学习水平得到提高，还能让自己的教育水平得到提高，这样便是两者之间共赢。

有一次，法国作家巴尔扎克正在写作，恰逢一个朋友来访。朋友等了很长的一段时间，巴尔扎克都没出来与他见面。中午，仆人送来饭菜，客人认为这是给自己准备的，于是就吃了。后来天黑了，巴尔扎克觉得饿了，就来吃饭。当看到桌子上的饭菜所剩无几的时候，便说："原来我已经吃过饭了！"

有一位虫类学家很喜欢研究蚂蚁，经常连续几小时爬在潮湿、肮脏的地面上，用放大镜观察蚂蚁的各种活动。周围有很多人都不知所措地看着他，他也毫不理会。

大文学家罗曼·罗兰有一次跟著名艺术家罗丹去参观他进行雕刻的屋子。面对塑像，罗丹又看到了很多不满意的地方，便重新修改，口中还自言自语，仿佛那座雕像是他的知己。修改完后，罗丹专心地看了一会儿，觉得满意了便走了，险些把朋友关在雕刻室里。

这些名人只想要自己热衷的事业，对他们所想到的科学问题反应清晰，对除此以外的话题没有一点动心之处，一点也不在乎。要想孩子的成绩得到提高，要让孩子们的智商有提升，首先就要让孩子养成专心致志的习惯。要不然，别的事情也不会很快完成，更不会有成效。父母可以从以下方面来努力。

1. 培养孩子善于集中注意力

上小学时，养成好的学习习惯才是最重要的，并且要保持持久稳定。有的孩子在做作业时，脑海里总想着电视机里正在播放他们最爱的动画片；有的孩子在做作业时，总是摇摆不定，左顾右盼，不专心；一些孩子甚至边写作业边看电视；有些事情本来应该在很短时间能做完但是却要花费很长时间……

要想集中精力，不是一件容易的事，要告诉孩子，专心学习时要高效，这样才可以有更多的时间去做自己喜欢的事。

2. 要把孩子学习的地方整理干净

不要在孩子的书桌上放除了书和文具以外的杂物，以防孩子注意力不集中。抽屉、柜子最好上锁，防止他随时打开，没写完作业就去做别的事情；书桌上最好只放一些与学习有关的东西，不要把没用的东西放在那里；镜子不适合放在桌上，尤其是女孩，这会给她无法集中注意力的机会。

一定不要让孩子一边做作业一边看电视。电视是集中注意力的杀手，电视的色彩会干扰到孩子，降低孩子的自制力。电视可以开阔我们的视野，但对于孩子来说却是完全被动学习。没有思想、没有思维地被动学习不利于培养孩子的想法和思维语言的发展。美国科学家表明，从小一直看电视的孩子，注意力不会太集中，甚至感觉是电视的刺激强度过大而重新布局了大脑。所以，美国人并不同意未满 2 岁的孩子去注视电视屏幕。

3. 让孩子按时间完成应该做的事情

假如孩子有太多的作业可以让孩子分批进行。很多家长因为孩子没有足够自制力，便会在边上"站岗"，但这不是有效的方法，长时间以后，孩子便会依赖你。除此之外，家长的情绪也影响着孩子的注意力，所以家长要给孩子一个完美的环境。喧哗的环境不适合孩子学习，周围环境的一切都左右着孩子的想法。父母还要知道，注意力的集中与孩子的年龄有关。研究表明，注意力的维持都是有时间限制的：5 ~ 10 岁的孩子是 20 分钟，10 ~ 12 年龄段的孩子是 25 分钟，12 岁之上的孩子是 30 分钟。所以，假如想让 10 岁的孩子 60 分钟坐在那里去认真地做完作业是件很困难的事情。

4. 让孩子在一定时间内专心做好一件事

经常有父母抱怨说："我的孩子办事效率低，写作业也慢。"家长要培养孩子在某段时间内完成规定的任务。要等家长安排完才去做作业，做完一门功课可以允许休息一会儿，不要让孩子太疲劳。很多家长总觉得孩子行为举止很慢，但不许休息还唠叨的行为，会让他们心中很抵触，当然不会有好的效果。

5. 重视体育锻炼

体育锻炼是现在孩子都很缺乏的，但这是不利于孩子成长的。很多运动中，孩子的各部肌肉、神经和感官都要相互配合。如孩子跳绳时，眼要看，手要摇绳，要什么时候开始起跳，这些配合都要经过大脑的指挥才行；又如折纸时，孩子的眼睛和手都要配合起来，才能折好纸，也就是视觉和触觉要结合起来。

一般感觉协调的孩子大脑也比较发达，容易掌控身体的各个部位和组织。这样的孩子不管是运动还是静止不动，都有能力控制自己的行为。而"感觉统合失调"的孩子，在他的大脑中，指挥能力和控制能力都很差，就算只让他坐着，也不能长时间坚持下来，他会觉得难受无比，仿佛不乱动身体就会痒痒。

6. 不要让孩子参加过多的课外补习

现在家长总喜欢让孩子参加各种课外兴趣班，但这些都只是家长的想法，没有考虑孩子的感受。然而这种做法也会影响孩子的注意力。每个孩子都喜欢玩，把他的时间安排得满满的，这样只好在课上自己去玩耍了。时间久了，孩子便变得注意力不集中。所以要让孩子有充足的时间玩，给孩子一个完整的时间去放松，才能让孩子写作业的时候更集中精力。

如何让孩子的记忆力有明显提高

曾有一位心理咨询专家接到家长的询问："我们孩子并不是因为脑子有多笨，为了帮孩子提高注意力，我们也想了许多办法，可是却没有很实际的效果。""小明并不是一个爱玩的孩子，回到家后便马不停蹄地做事情，学习时间也比别人久。""他学习那么用功，就算是没有长进，我们也不忍心说。"

小明的班主任也叹息，小明是个很知道学习的好孩子，但学习成绩却总是赶不上其他同学。对自己的学习情况拿不准，小明说道："我不清楚事情的始末，因为这些记忆在我的脑海中不会存在太久。"针对这类问题，专家给出了这样的回答。

首先，家长应该对孩子有足够的信心，要让孩子相信自己的能力，记忆力并不是天生的，可以用一定的手段来完善。孩子对自己的记忆力失去自信，就会很难提高。对于一个年纪很小的孩子来讲，培养学习能力非常重要，要用办法把这件事情的内容记清楚。此时，家长千万不要打击孩子的自信心。一些家长经常拿"猪脑子，什么都不知道"等这类话语责骂孩子，但这种做法只会伤害孩子的自信心、自尊心。要花费心思来想解决办法，让孩子受到鼓励。

其次，要让孩子的兴趣得到更多的培养。大人对自己的事情都会有着很深的记忆，多用心去记自己感兴趣的事物。孩子也是这个样子的，儿童的注意力往往不能集中，若不能激发其学习的兴趣，就不会有很好的成效。家长对孩子的记忆进行指导时，要通过各方面的努力来改善孩子的想法，家长要根据孩子的实际年龄进行合适的指导。很多时候，孩子的记忆时间很短暂，记忆的主要方法是机械识记，让孩子脑中有印象就要一直说，可让他们背诵一些简单的儿歌、诗歌。要上学的孩子的脑子很好用，可以教他们运用顺序记忆、归类记忆、联想记忆等方法。进入学校要牢记一篇文章，这样便可以用化整为零的手段提高记忆力。

我们在这里介绍一些很实用的记忆方法：

1. 提纲记忆法

如果要记忆的内容很多，不用一下子就全部记完。可以先列一个提纲，在提纲中讲一些重点和次重点的内容，然后分时段进行记忆，这样的话不仅可以让事情很快结束，还会记忆深刻。

2. 组块记忆法

人们的短时记忆广度为 7+2 或者 7 这样一个长度。换句话说，若在很短的时间给你大量的资源和信息去牢记，那把材料分成 7 个左右的小材料块进行记忆的效果最好。根据这个记忆法则，父母便要对这样的东西分开类别，对于类似的记忆材料进行组块式的记忆，这样一来会让我们很轻松地记忆。

3. 松弛记忆法

当我们进行记忆时，要让头脑时刻保持镇定和清晰，心理学研究发现，过度紧张或过度松弛，工作效率都不会很高。可是要是让我们的想法在一个平稳的状态很难，就好比在一个平静的湖面投进一块大石，会产生很大的波澜。同理，我们将记忆的内容投进相对平静的大脑，这样便会记得更加牢固。

4. 闭眼记忆法

我们在生活中获取信息的途径是眼睛，很多人在记住某些事情的时候，闭上眼回忆的效果也会较好。这是因为眼睛看到的东西是大量的、多数的，所以可能导致大量的心理能量都消耗在眼睛上。因此，闭上你的双眼能减少心理能量的损耗，这样便可以把自己的精神放在上面。

5. 想象记忆法

想象记忆法一般适用于抽象的、不容易被理解或认识的。如果要记忆地理知识，将这些形状与现实生活中的实物对比，这样一来便变得很容易区分。例如，中国的版图像公鸡，头是东北三省，胃是福建，尾是新疆；意大利的版图像靴子形状的等等。

大家应该注意，还有很多可以加强记忆的手段，运用合适的方法帮孩子增强记忆，采取一系列的措施和改善记忆的手段才能提高孩子们的记忆力。

每个人都需要记忆力来记东西，这对当下的孩子来说更是很重要。有些学生在学习上也努力了，可是并没有很好的学习成绩。除了学习方法可能有问题外，可能的原因便是没有好的记忆力。学了后面忘了前面，记住今天又忘掉昨天，总不能灵活运用所学的知识，学习效果自然不会好。最后便会让孩子的积极性、自信心受到挫伤，就有可能自暴自弃了。作为家长，我们要杜绝这样的事情发生，用智慧来解决这些事情。

让孩子有时间去做自己喜欢的事情

现在，很多家长都明白时间的紧迫感，教会孩子合理安排时间也是一大问题。让孩子学会合理安排作息时间，这可以让孩子的体质和身心有所改善，这也是对其进行成才教育的一个基本训练。从小便要确立孩子对于过去、现在、未来的充分认识，让其尽早懂得"时间如逝去的流水，一去不复返"的道理。

小琴的成绩从小学起就一直名列前茅，但是在初中的时候，她总觉得自己有些恍惚，无所适从，学习还很累，家长和老师也经常交流，老是觉得孩子没有什么太大的变化，特别是自习课，她总是东张西望，不知道自己该做什么，第一次考试，竟然很长时间写不完一页卷子。为此，家长说了她好几次了，但是事情没有进展。平时与她聊天，感觉这孩子也有上进心，可现在这种情况已经持续很长时间了，从前的那个开朗的孩子再也回不来了。家长该做什么呢？

看到这种情况，心理专家认为：孩子在小学的时候很聪明，进入中学后就不一样了，这是有原因的，家长和老师应该做好引导工作。其实，从一个角度说，在刚上学时，是孩子从儿童时期向少年时期的过渡。每个阶段都有不一样的地方在里面。比如，小学一节课是40分钟，初中变成了45分钟。虽然只多出来5分钟，可是没有给孩子一个心理上的暗示，孩子便会经常疲劳。另外，孩子在初中的时候，会骤增课程量，孩子会感觉特别忙，也会有较大的压力。两个阶段的老师的教学手段也是不同的，如果小学阶段的学习方法用在中学，就会觉得很吃力。所有的一切导致了孩子的失败。

小琴的成绩一直名列前茅，这表明孩子并不笨，积极进取的孩子会主动给自己定目标，这种目标也无形中给孩子增加了压力。这种压力之下如果没有合理的计划，孩子肯定会身心俱疲，当然也就不会有好成绩了。

面对这样的情况，提议给家长以下几个重点：

1. 让孩子按顺序做事情，不要盲目

把要做的事准备好，准备好一天的学习任务，把目标尽量缩小化、简单化。就算是一节自习，也要安排好自己的任务。一开始，可以和大家一起商讨计划的原则，这样很简单。渐渐地，还要让孩子自己去准备，做出安排。安排好后还要仔细检查，这样就能够按计划完成任务，要是达到目标有难度，就要调整自己的方法。

2. 要帮助孩子合理地计划和安排时间

如在做作业、练习时，要先考虑各科学习任务完成的先后顺序，做到时间的合理分配，之后再将精力放在计划上面，这样就

不会手忙脚乱了。我们也应该引导小琴将这种有目的、有计划的事情放到生活中去。这样一来，孩子的心情便会更加阳光，恢复往日的笑脸了。

树立一个良好的时间观念，是百利无一害的。

绝不能缺失对孩子责任心的培养

一个经验丰富的老师对缺乏责任心的孩子作了两点总结：

现象一：有些孩子在学校只对学习感兴趣，不理睬其他事情，敷衍了事，还总是让家长帮他们收拾残局。

现象二：还有些孩子做事马马虎虎，不会自觉学习，没有耐心，不能坚持，他们也不关心成绩的好坏，对父母的态度也不是很好，还经常发脾气。

孩子应该具有爱心和社会责任感。当今社会人们交往频繁，只有人人都充满爱心，都能承担一定的社会责任，我们才能感受到生活的美好。自私自利、没有责任心的人，是很难跟别人好好相处的，也难以立足于社会。要培养孩子的爱心，对社会、对孩子个人的成长，有着非同凡响的重要意义。

什么是责任心呢？也就是一个人对于其在集体中的表现、行为规范以及他所承担的任务的自觉和负责的态度，包括责任认识、责任感和负责行为。假如孩子对于责任分不清楚，甚至认为与自己无关，上述问题就会出现在孩子身上。那么，该如何培养孩子的责任心呢？

帮助孩子明确自己的责任。家长应该让孩子知道自己的责任，把孩子要做的事情明确地告诉他，孩子要学会自己的事情自己做，如学习扫地等一些力所能及的家务活，还要学会整理书包，削好铅笔，好好写作业……

1. 有目的地交代孩子任务，让孩子养成独立完成的习惯

首先，让孩子自己收起作业本，学习扫地，并让孩子学习整理书包，与此同时给予一定指导，并且指出缺点，要求其改正。再次，鼓励孩子做事不能半途而废，要让孩子有持之以恒的态度，时常地给予鼓励，这是因为表扬是建立孩子责任心的好方法。最后，孩子掌握一种本领后，家长一定要给予其充分的表扬，与此同时可以告诉其老师，使他为自己感到自豪并树立责任心，体会到做一个有责任心的孩子是多么的重要，并在班级里树立榜样，鼓励孩子们向他学习，从而得到全面的教育。

父母应该特意让孩子做一些事，锻炼孩子们独立做事的能力，要给孩子亲自实践的机会，千万不要因为他们小就什么事都不让他们做。例如可以让孩子养个小动物。当孩子养小金鱼时，他们能懂得：如果他们对鱼投入了爱，就能够保证小金鱼的健康，就像对亲朋好友的爱一样，心理学上称之为"共情"。当孩子养小金鱼时，会学得细腻、耐心，会懂得家长对自己的爱，孩子也会更好地爱他人。

2. 多和孩子交流，让孩子主动承担责任

有些孩子的自理能力是十分差的，老师发现了这种情况，就

要及时跟家长沟通。例如，一位班主任曾经说过："我们班上有一个小孩，自理能力特别差，每天放学都是最后一个出教室门的，平时整理书包也总是乱七八糟的。通过跟父母交流发现，原来在家里都是妈妈帮她整理书包，因此这个能力没有得到很好的培养。后来开家长会，我又跟他的家长沟通了一下，希望家长能让孩子自力更生，自己准备学习用品，后来他妈妈也按照老师的要求做了，每天要求孩子们自己整理，孩子也慢慢进步了，我自己也很开心，经常在班上表扬他，虽然他现在的速度还没有提升得很快，不过已经比以前整齐多了。"

3. 坚持正面教育，多鼓励、表扬，少指责、批评

孩子的责任感不是一天两天就能培养成的。而且，孩子年龄还小，有很重的好奇心，不容易集中注意力，这些特点会妨碍他们把事情做完。所以一旦孩子完成一件事，家长要及时给予公正的评价，善于用言语来吸引孩子的注意，让他们继续做自己的事情。例如说："你肯定能把这件事做好。"相信孩子一定有能力来承担责任，只要他付出努力就能做到，也要教导孩子今后如何完成得更好，让他既知道自己的长处，也要看到自己的不足，这样才能让孩子养成良好的生活习惯，让孩子学会对自己的行为负责。

4. 父母是孩子最好的榜样

孩子的责任心是培养出来的，而父母是孩子最好的教师，在日常生活中，家长良好的行为态度，会成为孩子们学习的榜样。

此外，父母应该多与孩子们谈论自己的工作，让孩子体会到家长克服困难挫折的成功感，让孩子们能够感受到责任在生活中的重要意义，这样就能让孩子的责任意识得到培养了。

自主选择，机遇与责任同在。经过相关研究发现，责任感在小孩长大成人的过程中有很重要的作用。有这样一句话："当你有准备了，机遇才能降临于你。"一个毫无责任感的人是不会有头脑的，有责任感的人才会有这样的头脑，孩子都是具有自主能力的，当他进行自主选择的时候也就具备了这种责任感。

承担责任。如果不让孩子明白责任的真正意义，孩子的任何事情都让家长代替孩子做，那么孩子是不会学会独立自主的。有位心理学家曾进行自主调研，当问到如果在生活和学习中遇到难题该怎么做时，几乎所有学生都说有难题第一个想到的是找父母，竟然没有一个学生说自己解决，当问及今后想干的职业的时候，大部分学生都说同父母一起决定。

我们由此可以知道父母这一做法的弊端，这一现象也十分让人担忧。家长不该代替孩子做所有事情，应该学会让孩子独立，让孩子学会自主选择。

1. 培养孩子认真负责的精神，允许犯错，但一定不能逃避责任

一定要让孩子知道事情是否可以实施，才能避免犯错误。一旦孩子犯了错误，父母也不要表现得太惊讶，更不要太苛责孩子，只要孩子敢于承认错误，父母就应该原谅孩子，让孩子发扬负责精神。假如犯错误是成长中必须经历的，他的每一个错误，都能让自己更完善，让自己变得更成熟。当然，孩子们在每每犯

过一个错误之后，父母都应该帮孩子总结经验教训，而不是在旁边说风凉话"让你再不听爸爸妈妈的话，真是活该"等等，要让孩子们明白聪明的人不是不会犯错误，而是不会一直在一个地方犯错误。

2. 培养孩子守信践诺的良好习惯

遵守诺言是人的美好品质，是与人交往沟通的基本要求。一个不遵守承诺的人是不值得别人相信的，也不受人们欢迎。因此，家长一定要教孩子诚信做人。

以身作则，让孩子有社会责任感。当孩子知道他能够为家庭尽责任，甚至能够牺牲自己的愿望为家庭的利益出力，这个时候孩子的家庭责任感已经建立起来了。个别孩子只有有了家庭责任感，才能慢慢建立起社会责任感。社会责任感是一种崇高的感情，它要求孩子在做事的时候考虑到对社会、对公众的影响，并从内心唾弃违反公共利益的行为；和大家要互帮互助，而不是对别人冷嘲热讽；要为社会的发展做出自己应有的贡献。只有树立强烈的社会责任感，才能做一个有益于社会的人。

家长要帮孩子增强孩子的家庭责任感和社会责任感。例如父母可引导孩子关心自己的亲人，如果有亲人生病了，应该带孩子去探病，而且当亲友跟自己求助时，要给予其一定的帮助，进而引导孩子对周围人施加关爱，从而关心社会上那些不相识的人。

第二章

做言传身教懂孩子的好父母

阳光未来丛书
好孩子三分爱七分教

YANGGUANG WEILAI CONGSHU
HAOHAIZI SANFENAI QIFENJIAO

温暖和谐的家庭氛围对孩子很重要

家庭是我们人生旅途中的旗帜，孩子靠家长的旗帜掌握方向。只要父母能和孩子一起努力，就算是在大风浪中，也可以让孩子具有安全感。但是如果父母不齐心协力，船翻了，孩子一般都会受到伤害，所以，小船既能为孩子的成长护航，也可能会演变为失败的源头。所以，家长应该很好地教导自己的孩子，家长的教导对孩子一生都有深刻的影响。家庭氛围一般有以下几种类型：

1. 期待型

父母看不到孩子的独特之处，总是将自己的全部想法都寄托在孩子身上实现，希望孩子能完全按照自己想的来做，这样只会让孩子心中有所不安。如果父母一直抱着这种期望，孩子又不能达到父母要求的能力，孩子们就易陷入不满、自私、冷漠的深渊中，毫无生气。

2. 溺爱型

不管孩子提出什么要求，父母总是什么都同意，过于宠溺孩子，孩子提的任何要求父母都想办法满足，即便是不正确的事也不会加以阻拦。孩子成长在这样的环境中，容易让自己陷入迷茫，一旦要求得不到满足，便不知道如何去解决，而且这样的孩子往往没有自制力，做任何事都是以自我为中心，不能很好地融入社会，不能独自在社会生存，也不能忍受别人的忽视，只是追求一些有刺激的事情，不管对什么都没有足够的信心，一直处在期望别人帮助的状态中。

3. 严厉型

这种类型的父母虽然也是爱孩子的，不过对待孩子的态度却总是不正确，不是命令指导，就是指责批评，对孩子的行为严格控制，要孩子完全遵守家长的想法，一旦父母不顺心，就会对孩子进行严厉的批评甚至打骂。如果父母一直用这种态度对待孩子，有可能让孩子在家长磨炼下，导致其精神溃败。还可能出现心神不宁、不会跟别人相处等现象，甚至会产生一些社会犯罪事件。有的孩子只是在表面上表现得很听话，看起来做得挺好，实际上只是对现实的逃避，这样便导致了懦弱的性格。

4. 干涉型

这个类型大致跟期待型一样，父母都是为了孩子的未来着想，对孩子过度的照顾，整天不停地唠叨。这样的家庭氛围下，孩子不容易很好地成长，而且情绪易变，不能承受失败和挫折，没有良好的耐力，没有责任心。孩子本身有了太多人的关怀和照顾，跟别的孩子的接触就少了，也就不容易长大成熟，总是依赖大人，不能很好地融入这个社会，不能独立做事，也没有属于自己的梦想和抱负。

5. 矛盾型

父亲和母亲对孩子有着不一样的行为举止，有批评责骂，也有安慰宽恕。不同的时间和地点，父母也采取不同的方式对待。有时父亲责骂而母亲安慰，这样会让孩子在难受中难以自拔。如果用这样的方法教育孩子，会让孩子的心理产生严重的失衡。即使有被安慰的时候，可是不知道什么时候、不知道什么原因又会被责骂。

在不同教育方法下教育出来的孩子，夹持在两种权威思想中间，常常会让孩子感觉手足无措，精神也会出现不正常。尤其是在老爸发飙、老妈护孩子的时候，孩子这时会产生一种反抗心理，有些甚至会助长反社会的倾向。并且很多时候孩子不喜欢展现自己攻击的一面，表面上看起来很老实很听话，可是当自己的假象被拆穿的时候，马上会露出一副残酷的样子。

在这种家庭氛围中成长的孩子往往有或者看不起爸爸，或者对妈妈心怀怨恨的心理。

6. 民主型

这种类型的家庭和睦，父母能温和耐心地对待子女，当孩子需要帮助的时候，父母会给予孩子力量，想尽办法去了解孩子，多和孩子进行交流，保持父母和孩子处在一种和谐的关系中；要给孩子足够的理解和尊重，让孩子自由独立地发展，让孩子勇敢地发表自己的意见及处理自己的问题，父母同时也体会自己做父母的责任。如果家庭是比较民主自由的，那么培养出的孩子也会比较善良，有着超强的适应能力，并且具有很强的独立自主性，责任感也比较强，性格也显得外向开朗。

父母总是希望自己的孩子能成为有本领、有能力、有才华的人，而要培养出这样的孩子，家长们就要从自身做起，给孩子一个合适的生活学习环境。一位美国学者通过相关调查总结了下列几项孩子希望的家庭氛围：

（1）孩子在场的时候，父母不要吵架。

（2）不要对孩子有偏见。

（3）不要和孩子说谎，要讲信用。

（4）父母和睦，不要互相辱骂。

（5）家长要关心孩子，父母子女之间要保持亲密的关系。

（6）要支持孩子与朋友交往。

（7）不要让孩子感觉自己很无趣，不要经常跟孩子生气。

（8）孝顺老人，尊重孩子，有事情的时候要和大家一起商量，建立民主型家庭。

（9）适时在家庭搞一些娱乐活动，周日的时候适当地放假。

（10）允许孩子对父母的错误进行批评。

我们把上边这些孩子的期望归纳起来，其实就是要求父母营造一种充满爱与和谐的家庭氛围。

（1）明白父母真正的威信是什么。孔子曰："其身正，不令而行；其身不正，虽令不从。"家长对孩子有一定的责任感，有一种不可否定的相互关系，父母对孩子的尊重和孩子对父母的敬仰则是这种关系的基础，家长对孩子的威信不是从对孩子的打骂中建立起来的。日常生活中，家长要对孩子有所关照和理解，尊重孩子的人格发展，引导孩子表达内心的真实情感，并且按照家长的要求去完成事情。时间长了，孩子和父母的关系就会越来越亲密。这样，家长在自己孩子的眼中，慢慢也就建立起自己的威信了。这样营造起来的家庭氛围，不仅不会损害父母在孩子心中的形象，反而可以让孩子更早的独立，塑造孩子良好的品性。

（2）要充分尊重孩子的人格。当父母对孩子进行教育时，教他们要对父母尊重，对他人尊重，在教孩子这些的同时也要尊重孩子，不要将孩子简单地看作是自己的产品，他也是一个独立的人，也有自己的个性和人格。在和孩子进行交流的时候，要保持一种平等待人的态度，孩子的兴趣爱好，父母都要表示尊重，要温和平静而不是严厉地训斥孩子，即便孩子犯了错，也要耐心给孩子讲道理，尊重孩子的自尊心。要让孩子自己做选择，不要干涉太多，鼓励他们参加家庭组织的各种活动，这样可以让孩子自己说出自己的见解，畅所欲言。当父母听了孩子的想法，如果是正确的就该鼓励，家人之间还应经常讨论交流，听从有理的那一方。

（3）爸爸妈妈之间要学会相互体谅。孩子的启蒙老师便是自己的爸妈，父母的任何行为都会对孩子产生着影响。所以，爸妈要相互协调，如果双方产生矛盾，也要尽量心平气和地解决，正确谨慎地处理，要说到做到，给孩子起一个很好的模范作用，不要在孩子面前吵闹、打架，粗鲁地解决出现的矛盾。只有夫妻之间感情好，家庭才会和谐。

（4）不能忽视孩子应有的权利。孩子也是一个完整的个体，是家庭的一部分，他也该拥有家庭里的一部分权利，同时也要有自己的责任感。所以，当孩子还小的时候，就应该让他知道，他们必须做的一些事情是什么。

父母的言行传递着自身的价值观念

父母要时刻谨记潜移默化的作用，其实父母在不经意间便将自己的想法传递给了孩子，包括怎么分辨事物的好坏，什么事能做或不能做，什么事是该做或不该做的，什么事是该提倡或不该提倡的等等。这就是说，在家长的领导下，在日常生活中，要让孩子慢慢知道和了解什么是重要的事和什么是完全没有必要的事情，因为这些是为人处世必须要学习的。

有些父母习惯以权威身份来向孩子提出一些不合理要求，例如家长一边要求孩子要讲礼貌、懂道理，一边却又总是发号施令、对孩子不尊重、对别人没礼貌。其实，要想让孩子按自己的想法成长，家长就应该先做好榜样，不要停留在单纯的说教上，想让孩子对别人尊重，家长就应该首先尊重孩子、尊重他人，想让孩子懂礼貌，家长要十分注重言辞，和孩子说话，要温柔而不要表现得很恶劣。当孩子还小时，对家长的各种鼓励、爱护都会接受并学会。

家长都想自己的孩子变得强大而不被欺负，但是，如果是自己的孩子欺负了别的孩子，你心里可能会觉得他做得不对，在行为表现上却是对孩子微笑，然后还温柔地说："你怎么可以打人呢?"这样便表达了一个难以控制的信息:"这不是什么大不了的事情。"因此,家长的表现是孩子行为的主要影响因素,孩子的行为也代表着家长的个人价值观。

不让孩子吃一点点亏的教育往往最失败。因为这样的孩子在父母的过度保护下,往往没机会跟别人交往,孩子不懂得如何与人交流,更别说跟别人友好相处了,这样的孩子往往会受到大家的排挤,对孩子的未来发展不利。孩子都是通过跟其他小孩子一块玩然后慢慢掌握为人处世的道理,因此从一定程度上说,"吃亏就是福"是没错的。

对孩子敞开你的心扉

尊重孩子是每个父母都应该做到的,可是不是每个家长都能做到。例如很多家长都会用严厉的声音跟孩子说话,但是不会用这样的语调和其他人交流。假如家长录下来跟孩子说话的过程,品味一下自己的语态和语气,就会知道自己的态度有多恶劣。由于父母经常使用责骂、哄骗的语气,诱导孩子来完成交流,那么即使孩子跟我们交流也不会说出自己的真实想法。假如我们看到自己的方式是错误的,就应该从这一刻开始改变自己。把孩子和自己放在平等的位置,然后再跟孩子交谈,而不是在一种教训的氛围下交流,这样就能更好地了解孩子的真实想法了。要是你一直都在找孩子的错误和毛病,孩子只会为此更加烦闷,觉得自己肯定是个讨人厌的孩子，这在一定程度上会和家长产生矛盾和隔阂，时间长了，父母和孩子之间也不好沟通了。

有时孩子问你："你是生气了吗？还是不高兴？"你却耷拉着脸说："没事。"但是你的表情却把你的情绪都表现出来了。我们要懂得孩子是很敏锐的，他们也能从你的表情或者你说话的语气中了解你的情绪。但是作为成年人的家长并没有那么敏感，根本不会想到被孩子发现了，也不去想这样的话会对孩子产生什么样的影响。

父母总是会借机讲授一些固定的话语和固定的模式，想让孩子按照自己的想法成长，因此，只是一味要求孩子"必须这样"或者是"一定要这样做"，而并不是让他们真正知道"这样做的原因"。事实上，父母应该和孩子商量一件事应该怎样做，这样的交流方式能够表明父母对孩子的尊重，即便父母跟孩子的想法可能不一样。孩子喜欢在暗处观察别人的感受，然后去思考这种感受，再按照这种感受给自己的指示做出一些反应。每个孩子心中都有自己的生活，假如孩子从小不是和父母一起生活的，这样可能会导致有的孩子不喜欢，也不擅长和别人交流。家长不要觉得孩子还小就不尊重他们的想法，想要用自己的想法来将他们的脑海填满。家长总想任意塑造孩子的品性，就像是他们根本没有自己的想法和欲望，可以让我们随意填充。其实，孩子从这个角度来看便是被挤压和迫害的。不过这并不是说父母不要对孩子进行教育，这只是表明我们不能去用强硬的手段进行教育。很多孩子会产生对家长的抵抗心理，大部分原因就是家长总是强加给孩子他们的想法。

对于孩子的思想，如果我们能接受并正确看待，和孩子一起讨论事情的经过，时常问他们"如果真那样的话会发生什么事情""你心中又会怎么想"，这样当孩子在处理事情的时候，他就能想到他是有伙伴的。另外，家长向孩子询问也是沟通的一种好方法，这样，很多孩子长大后还是把父母当成好朋友，而和家长交流会有意想不到的收获。

不喜欢跟孩子诉说内心，只是简单地对孩子说教，却想让孩子把心里话都告诉你，这种不公平的交流，当然不会有很好的效果。孩子长大后一般都不喜欢跟父母交流心事，而是跟同学朋友交流。不过这些同龄人的经验总是不丰富的，总是有着自己的不成熟的想法，虽然他们之间的交流是深刻的思想交流，可是大家都难以摆脱这样的事情，因此即使交流了也不会有什么大的提高。假若父母不能跟孩子及时交流沟通，不能对孩子进行指导，这便是对孩子们的一种极大的伤害。如果父母和孩子能多交流，两者就会更容易沟通，要想让孩子更好地成长，父母和孩子之间的默契是需要更多沟通交流的。

如果孩子为表达关心而问道"老爸出什么事了""工作又有什么不顺心的地方了"这一类的话时，家长就该跟孩子仔细谈一下。如果随便回答说"我没什么事"或者"这里没你的事，你去做你自己的事情吧"，这样一下子就把孩子的关心和爱护挡在了外边，孩子想到的只是这件事父母不让插手，只要跟自己没关系的都别管。这其实是家长拒绝让孩子成长为一个有爱心和有责任心的人。

和孩子一起商量自己做法的好坏，告诉孩子自己怎么想的，这其实就是对孩子一种最直接的教育。我们在生活中总会碰到失败挫折，很多人一生都没有很大的成就，跟孩子一起分享自己的人生经历，要敢于正视自己的错误和失误，当然，告诉孩子自己一生都没有完成的事，这对家长来说没那么容易，家长可能会想是不是孩子会看不起自己，但这对孩子成长很有益处的。告诉孩子自己的经验教训，这正是孩子想要的东西，并且对孩子来说是莫大的欢喜。

面对孩子父母的决定要言出必行

孩子犯了错，总是会显得很可怜，父母常常会说"下次不能再犯同样的错误了""暂时先原谅你吧"。家长心中有不安，便不会去严惩，让孩子学会逃避责任，当孩子做错事，家长也假装看不到……到了第二次情况出现的时候，孩子还会这样求父母让步。这样的话，要让孩子按照自己的想法去做，就更加不容易了。这样不仅让管教变得很难，而且会让孩子更加的不服管教。

父母都是只说不做，很多孩子便会有这样的想法：即使没听父母的话，也没什么惩罚。我们要做的就是让孩子知道自己的威信，不管什么时候，对孩子说的话一定要做到，一直坚持，这才是对自己负责。

"周浩，快点写作业。写完了可以自己放松一下。"

没过多久孩子就说作业写完了。"老妈，我完成了，去和朋友玩了!"边说边打算换鞋出去溜旱冰。

"还是不要吧,万一摔倒了怎么办?你还是玩其他的吧!"妈妈这样回答说。

"不要,说好了可以让我去溜旱冰的。"

"乖,好孩子,听妈妈的话啊。"

孩子的想法还是没有得到实现,他不能去做自己喜欢的事,只好不去做,而是去玩别的游戏。妈妈没有给孩子足够的自由让他玩自己喜欢的游戏或玩具。如果我们做出一个明智的决断的话,就要让他们做喜欢做的事情,假如真觉得孩子做的事情是错误的,就该让他们从失败的经验中吸取教训,而不是只靠妈妈不停地对孩子进行说教。母亲拒绝孩子的喜好,不让他亲身实践,保护孩子不受任何伤害,不让他懂得如何忍受痛苦,如何锻炼毅力,这样的母亲不是出色的家长。她事先告诉孩子可以选择喜欢玩的,后又自食其言,这当然会降低家长的尊严。

"梦梦,很晚了,该去准备睡觉了啊。"妈妈催促梦梦。不过梦梦却好像没听到一样,还是继续玩她的积木。梦梦不管妈妈怎么催促,依然玩自己的,母亲也没有再说什么。其实妈妈让孩子按时睡觉是为了孩子好,不然明天孩子会没有精神去上课的,但是妈妈的行为又显示出她并不在乎梦梦是否真的按她说的做了。孩子并不在意那些,他们只是想着现在玩。要是孩子觉得母亲的话可以不听的话,时间长了,妈妈就会越来越不受孩子尊重。当梦梦没有反应时,妈妈就应该过去,拿掉孩子正在玩的东西,然后直接对梦梦说:"去睡吧,明天有的是时间玩。"然后看着孩子走进房间睡在床上。当然,要想孩子心甘情愿地去做,还要告诉孩子这样做的原因。假使孩子有什么不安，便要继续说清楚原因，直到妈妈和孩子达成一致，这样就不是只用妈妈的权威做事了，而是让孩子也参与其中，让孩子少一些抵触心理。

"妈妈，把这个故事念给我听吧。"孩子拿着自己的书向老妈求教。

"放放，你作业做完了吗？"

"没有呢。"

"那就要先写作业，写完作业，我再给你讲故事。"

"妈妈，你要先给我讲故事。"

"听妈妈的话，先写作业。"

"你要是不讲的话，我就不按照你的想法做。"

母子俩谁也不肯让谁，然后放放大声说道："必须要讲！必须要讲！"

"好吧，好吧，你过来，我现在就给你讲，然后再去写作业。"

"听你讲完我就去做。"

然后妈妈以威胁的语气说："要是你食言的话，那我可就……"

不过这些威胁的话却从来没实行过，这就好像"狼来了"的故事一样，这样的话，在很多时候都被孩子当成了耳边风。孩子觉得父母只是吓吓他，并不会真的那么做。这样便会让孩子误入歧途，给孩子留下坏印象。

很多时候家长不说出来是因为不想让孩子难受，想把事情快点做完，然后能继续做其他事。不过你越是不想找麻烦，就会有越多的麻烦来找你，这是因为你没有坚持，下次再遇到同样的情况，你一样会重蹈覆辙。

必须让孩子懂得，父母说出的话是一定要做到的。要是你不想看到自己的孩子遭受惩罚，当时给孩子警告时就一定先想想这个惩罚是否恰当，因为说出的话就像泼出的水。不过如果孩子在6岁以下，那么就不适宜使用"罪有应得"式的处罚。当孩子过了6岁，就已经开始有一些道德观念，适当的赏罚会让孩子更听话。如果是一个较大的孩子，不小心把东西弄坏了，你可以用自己的方式来对其做一种补偿，如罚孩子做一会儿家务事也是不错的方法。另外，家庭成员之间要懂得配合。

7岁的薇薇总是让妈妈给她买新玩具。妈妈说如果买了就一定要保存好，这样下次想玩的时候还能玩，要是还是像之前那样随便扔，就不给她买新的玩具，直到所有玩具都找到并答应改正为止。孩子答应了，母亲便兑现了自己的诺言。刚开始，薇薇每次玩完都会收好。慢慢地，薇薇便总是乱丢，想玩的时候还找不到。于是过了些日子，薇薇又让妈妈买新玩具给她，妈妈说："你并没有按照你说的话去做，上次的东西，你弄得到处都是，我不能答应你的要求。"孩子沉默了，便不再说话，不过有一天妈妈突然发现薇薇又在玩新的玩具，"这是奶奶买给我的。"孩子表现得就像是一个胜利的将军。

有时候孩子做不到自己承诺的，家长便通过这样的事情进行了赏罚，不过其他家庭成员却又违反这种要求。其实教育孩子需要家庭所有人的帮助。当你制定"规则"时就要考虑周详，加入一些这样的条款："就算是有人给你新的玩具，不过如果你做不到你说的，妈妈也会先替你保管新玩具，直到你可以自己控制自己了才可以拿到手。"这样就不会出现上述状况了，也可以让我们的行动和准则有所改变，言行一致，从而培养出孩子的好品性。

父母要学会读懂孩子的心

很多父母都应该对此深有体会，孩子在很小的时候都很听话，不过却越长大越不听话：总是和大人想的背道而驰；总是和大人的思想相违背；他们不经常和父母交流，一旦父母开始说话，他们就觉得是唠叨；只愿意和同学进行沟通，不想跟家长说话……很多父母都为此很心烦。这都是不理解孩子的表现！其实，理解孩子是每个做父母都应该做到的。很多亲子关系的障碍都来自父母不懂孩子的世界，并不知道孩子心中的想法。

小杰妈妈有很成功的事业，在事业上不愿意输给任何人，因此对儿子也有很高的期望。为了让小杰朝自己设想的方向发展，因此对待孩子总是很苛刻。

孩子从小便很懂事听话，不过从上初中开始，他开始有一些自主意识，小杰开始用各种方法来反抗妈妈的制约，慢慢地，孩子在母亲的眼里似乎变得很陌生。在家里，妈妈根本看不到小杰的真实想法，因为孩子总是上网，玩完就吃饭。至于小杰内心是怎么想的，妈妈完全猜不到。母亲希望孩子可以懂得自己的心思，有什么心事都告诉妈妈，跟孩子做亲密的朋友，但是儿子却一直体会不到母亲的这番心思。

这天，小杰看起来满腹心事地回到家，关上门不出来，吃饭也不在状态。母亲很忧愁，问："什么情况？怎么这么不正常？"妈妈这么问他，小杰的回答却只有短短一句："我现在不舒服，没有心情说话。"孩子的这副模样，让妈妈有很强的挫败感。她不知道孩子为什么就不明白她的心思，不能对自己畅所欲言。

相信不止一位家长和文中的母亲一样存在疑惑。他们觉得对孩子已经够用心了，而孩子对他们却还有抵触心理，不想让他们走进自己的生活。这到底是什么原因？

孩子总是需要父母的教育。要想教育出好孩子，不但要保证孩子有健康的身体，保证孩子学习成绩的进步，还要给孩子一个完整、健康的心灵。但是想真正懂得孩子的内心并不是一件容易的事情。许多家长说自己的孩子不知道自己有多苦，自己把所有的都给了孩子却没得到回报，那是因为他们很少去了解孩子的想法，总是以自己的眼光来看待孩子。时间长了，便会让孩子和家长之间的感情越来越远，当父母发现孩子跟自己的关系越来越陌生时，就会很难将这层堡垒打破。

1. 重视和孩子的眼神交流

从一个人的眼睛里便可读出一个人的心思，时不时和孩子进行沟通和交流是十分重要的。如果当父母和孩子说话的时候不看孩子的眼睛，孩子本能的反应便是没有人重视自己，也不会跟父母说自己的心事了。要是家长总是喜欢微笑对待孩子，孩子自然也会跟家长好好交流。

2. 要和孩子说好自己的心里话

家长应该时常和孩子说出自己的真正想法。即使是家庭生活的一些小问题，也可以向孩子征求意见。就算是孩子们不能做什么，也可以培养家长和孩子之间的良好关系。在这个过程中，孩子依旧可以感觉到自己存在的价值，所以也会跟父母讲自己的心事了。

3. 发掘孩子的爱好才能了解"心"

孩子的真实想法体现在兴趣上。很多家长总是置之不理，觉得和孩子玩耍都是在浪费时间，这便将和孩子沟通的道路堵塞了。其实，如果爸爸在周末时能和儿子一起去打篮球，母女一起坐下商量衣服的事情，他们就已经开始走进孩子的世界了……孩子会把家长当作是自己的朋友，因而也不会觉得他们和自己的想法不合拍了。

了解孩子的需求，教育孩子不困难

很多家长认为教育孩子很困难，家长投入很多却得不到自己想要的回报，这是因为孩子没有按照之前的路线前行。导致这种情况的原因在于，父母并不了解自己孩子的真实想法，他们并不真正了解孩子的需要。家长要真正认识自己的教育对象，然后找准目标，这样才可以得到成功。假如父母忽视孩子的需求，只是向一个地方扔大把的钱，就不会取得自己想要的结果。

冰冰是独生女，父母都是单位中很有威望的人，家境也挺好。冰冰在家什么活儿都不用干，冰冰的妈妈首先是不愿意女儿做这样的事情，其次是怕因此耽误女儿的学习。即使爸爸一再要求应该培养孩子的独立生活能力，但是孩子的母亲却一直不听劝解。觉得孩子现在最主要的是要好好学习，之后的事情在他们成人之后，就会有自己的选择了。一转眼，冰冰就高中毕业了，该去上大学了。孩子的父母都非常高兴，但是冰冰的学校离家比较远，一直没有离开母亲的孩子要自己住在校园，妈妈把这看成大事。

从距离开学半个月开始，母亲便不断地给冰冰买食品，几乎天天去逛超市，一直买到开学那天。吃穿用样样俱全，家里像是一个小型的储物空间。冰冰的爸爸很反感这种做法，觉得这完全没必要，但是看到孩子、妻子奔波的样子，又不忍心泼凉水。

终于等到开学了，父母送冰冰上学时，父亲就像是个仆人带着一堆的东西，累得满头大汗。给孩子安排好后，父亲放下手中的一堆东西，对冰冰说："你离开家，没人跟我说话了，我该多没意思。"冰冰听完这些，便在父亲的怀里哭了。冰冰妈妈在旁边特嫉妒，她觉得自己对孩子的付出真得很多，一直是她在忙活，每天都那么累，最后孩子却丝毫不感谢妈妈，有的时候还不停抱怨。而冰冰爸爸只说了一句话，孩子就一直哭。母亲觉得自己像是在做无用功。

　　虽然冰冰的妈妈买了好多东西准备给孩子，可是孩子想要的并不是这些东西，这并不是必需的，所以女儿当然没任何表示了。可是爸爸的一句话却点到了重点，说到了孩子的心上，这句话饱含着父亲对女儿的尊重、理解和疼爱，正因为是孩子心中想要的才会打动她的心灵。家长在教育孩子的过程中，要注意细节，细节很重要，细节决定成败。

　　现在大多数家长都只是注重孩子的物质需要，但是没有注重他们精神上的追求，这是非常不好的。通常，孩子的精神食粮有这些类型：安全感、相互交流、信任、创造力、探索、身体成长和独立，以及获得成功的需要，另外，还有一些潜在需求（民主的权益和自己隐私的保护等）。家长首先要了解孩子的精神需求，才能教育孩子。

1. 分清"正当需求"和"不正当需求"

　　要不要满足孩子的要求呢？父母要明白这是孩子的正当要求，还是不正当的要求？假如是正当需求，那么就让孩子满足；假如是不正常需求，那就要坚决拒绝。不过，当孩子有所需求时，不要仅限于满足物质的欲望。

2. 尊重孩子的成长规律，要更深入地了解孩子的想法

　　在如今很多的家庭里，孩子都是家庭的支柱宝贝，父母几乎投入了所有的精力到孩子身上。虽然父母为孩子付出很多，不过他们却不真正了解孩子的内心世界。就像很多时候在为孩子做房间时的固定造型和颜色，女孩子房间一般用粉色的，男孩则用蓝

色的。可是孩子的反应和大人的反应是完全不同的。父母这样做只是出于自己的想象，只是自己的一厢情愿。所以，当家长教育孩子的时候，就要走入孩子的内心世界，按照孩子的成长轨迹，满足孩子的心理需求。

3. 要经过孩子的同意再去给孩子做准备

现在大多数家长都喜欢为孩子设计未来，不会考虑孩子的想法，其实这是错误的做法。比如，许多父母都为孩子报了很多特长班，害怕孩子在起跑线上就输了，不过如果孩子不认真去学习，这将会是一个很严重的问题。其实大部分家长让孩子上辅导班都是自己决定的，根本就不管孩子心里是怎么想的，相对于去上舞蹈班他可能更喜欢英语。所以，家长要和孩子进行商量之后，再做出决定。只有孩子喜欢，孩子才能认真坚持去做，这样才能得到最后的成功。

要读懂孩子审视世界的方式

日常生活中，家长总是不能理解孩子的思维方式。这是为什么呢？因为家长跟孩子总是用不同的眼光看待事物。每个孩子的脑海中都有自己的梦想世界，他们的兴趣跟大人不同，他们不会去感受别人设定的那些事情。这就意味着，虽然孩子年龄还小，不过他们已经会用自己的眼光来审视并分析身边的所有事情，这是家长一定要牢记的，家长们一定要尽量地去理解孩子看待世界的方式。家长要是没有注意到这样的情况，就会经常跟孩子出现矛盾，引起不和。

娜娜已经上初中了，她从小就生活在城市里，物质上从来没有什么缺憾，也从来不懂得爱惜东西。爸爸妈妈每次批评她，她都满不在乎地说："如果不花钱，你怎么能增加经济效益？"对于妈妈总是时不时提起自己小时候缺衣少穿的情景，孩子对这个很难理解，认为时代不一样了，当然消费观念也要随之变化了。

有一次，为了对孩子进行一次意义深刻的教育，妈妈带娜娜去看舞台剧《白毛女》。可是让妈妈没有想到，当娜娜看到剧中地主向杨白劳逼债时并没有觉得很生气，当看到地主黄世仁最后被镇压时也没有任何的反应。妈妈百思不得其解，后来在回家路上，她问娜娜看完这个剧后想到了什么。娜娜说："我觉得是杨白劳逼着女儿去给人抵押，而且欠了别人的钱，本来就应该还钱的啊，那杨白劳借了地主的钱，不还钱是罪有应得，是自找的，最后还逼得女儿躲到山洞里，她女儿也真是傻，地主很有钱，干吗不嫁给他啊，自己却躲在山洞中不出来，难以想象！"娜娜的妈妈顿时觉得很困惑，记得当时自己看的时候，自己有多么的入境生情，今天让孩子看了，但是孩子却跟自己以前理解的完全不一样。

其实，娜娜的话也不能说完全没道理。因为不同的年龄和不同的经历会让人产生不同的感想。出生在市场经济蓬勃发展的娜娜及其他同龄人，没有办法获知如何去判断当下社会的好坏，因此也无法理解话剧中的情节。因为家长不知道自己孩子的真实想法，觉得孩子的观点都是错误，为此孩子也一定觉得很反感。当家长对孩子进行教育时，一定要注意这点，要按照一定的方式去领悟孩子世界的真谛，即使觉得孩子的观点不成熟，也要采取让孩子能够接受的方式。

因为不同的家庭教育环境，孩子做事和大人有着本质的不同。家长应努力理解孩子的思想，在那些完全没有机会遇到的问题上不能一棒子打死。即使孩子有些错误思想，只要能够相互理解，孩子也就更能接受父母的思想了。如果家长总是坚持己见，孩子就可能觉得家长太专制了。那么，家长应该怎么去看待孩子的世界呢？

1. 不要忽略家长和孩子之间的年龄差距

为什么家长理解不了孩子对世界的看法呢？原因之一就是父母总是喜欢忘记自己和孩子年龄的不同。很多家长都不明白孩子为什么要追星，却忘了自己年轻时的疯狂。所以，家长不应该总想着让孩子按照自己的想法来思考。要是觉得孩子的想法太单纯，家长要设身处地去想象，会不会有一种更好的办法。假如能以这种角度来考虑，可能会有更深的理解。

2. 别忽略了时代的变迁

时代不断发展变化的结果就是每个人所生活的地方和见过的事情不一样，也正因为这样，造成了家长和孩子看待世界的方式上存在着差异。在长辈年轻的时候，他们也会崇拜很多人，有很多偶像，但是如今的孩子心中的偶像一般都是歌星、影星等，当然这是由很多原因造成的。要是家长有足够的时间去了解，那么家长也就能够以平常心看待了。

3. 走进孩子的世界

每个孩子都有自己的小天地，在思想上、行动上、心理上等方面，孩子与孩子之间都不同。要是家长能理解孩子特有的感觉，能真正理解孩子的内心，这便会让孩子更好地认识这个世界。家长可以通过读孩子喜欢的书、听孩子喜欢的歌曲来改善思维，这样的话，家长便可以做出和孩子之前相仿的那些决策。

要明白自己孩子的长处和短处

孩子在社会关系中生存，一定有好的地方和坏的地方，有优势也有劣势，家长要经常赞美、鼓励孩子，教会孩子学会取长补短、优劣互补，获得较大的进步。但是长期以来，我们教育的理念就是，先找出孩子的不足，然后不断地告诫孩子，让他改正自己的不足。父母总觉得自己没有做错，然后孩子就会有进步了，也就提高了能力。可是事实上并非如此，这样的情况下，孩子会觉得自己没什么用，压抑和自卑的情绪非常不利于他的身心健康。

坤坤让妈妈操碎了心。三年级的他是班里最闹的"调皮鬼"，不是上课迟到被老师罚站，就是不做作业被叫家长……母亲最害怕的便是老师的电话，因为每次接电话准没什么好事儿。每次听到老师的控诉，母亲总是会训斥坤坤，骂了打了就是不见效。

坤坤的叔叔非常理解妈妈的难处，便想和孩子好好聊一聊。后来，叔叔和坤坤交流后，觉得坤坤对画画很有兴趣。于是，叔叔就给坤坤买了很多画画需要的用具，让孩子去画他喜欢的东西。坤坤很兴奋，在叔叔的激励下，画了很多作品。看了坤坤的作品，叔叔对坤坤说："画得这么好，太棒了，怎么不画两张送给爸爸？"

坤坤想了一下说："母亲会责怪我画得难看的。"叔叔鼓舞坤坤说："才不会，妈妈会喜欢的。"爸爸收到了坤坤的画后，十分兴奋，然后很开心地对孩子说了一遍想法，还带着坤坤吃了一顿麦当劳。因为这件事，不但孩子画画的技巧有了长进，而且，坤坤和妈妈的关系也有所改变，孩子也更加听从管教了。最近，坤坤的英语测试还得了 100 分，妈妈为此感到特别兴奋。

很多家长都认为自己的孩子满身都是缺点，就像不喜欢学习，而且成绩都不及格，上课迟到乱说话，自觉性差，总是不喜欢听老师讲话。但是作为家长，总是不断数落孩子的缺点，这样会让孩子看不起自己。同时，这些缺点在孩子的认知中扎了根，久而久之，孩子会觉得自己没有改变的可能，也懒得去改正了。其实家长应该这样做——去观察孩子的优点，在指出孩子弱项的同时也要表扬孩子的长处，这样才不会让孩子觉得自己一无是处，这样才能让孩子健康发展。

"金无足赤，人无完人。"父母的眼光总是看着孩子的缺点，就会心生不耐烦，对孩子的批评教育缺乏耐心与信心，这会导致孩子往不利的方向发展。但如果父母在找到孩子毛病的同时，也能发现孩子身上的优点，发现他的每一点进步，并给孩子一定的赞赏和支持，孩子就会慢慢改掉坏习惯，逐渐了解家长的良苦用心，努力克服缺点。

1. 要用完整的眼光去看待自己的孩子，发现孩子身上的闪光点

有的父母只想看到孩子的成就，其实孩子的内在性格、孩子的待人接物的方法、孩子的喜好和优点都应该是孩子好坏的见证，即便是单看孩子的学习，也不应仅看孩子的成绩，还要看孩子平时学习的用功程度、孩子优势的学科。家长考虑全面了，孩子的优点也就能被发掘出来了。

2. 正面强化，要让孩子有所作为

当孩子发扬自己优点的时候，最想听到的便是父母的赞赏。所以在面对孩子的优点时，家长应该明白，这是孩子的优点，这会给孩子自信，需要尽可能地发扬。家长需要及时对孩子进行鼓励与肯定，这能让孩子感觉得到自己的想法，让孩子明白自身的价值，强化他的优点。

3. 别把孩子的优点当缺点

一些孩子总是显得特别淘气，父母总认为这是孩子不服从管教，有的孩子很喜欢读小说，但是家长认为这是不愿意学习的表现，只知道看没有用的书……其实，孩子拥有一颗单纯的心灵，孩子对知识有着很大的渴求，假如家长不用心去了解，就不能发

现孩子的优点。

4. 不向孩子的缺点妥协

孩子的毛病是一定要让他改正的，比如说懒散、不讲礼貌、打架斗殴等。如果父母对孩子的这些缺点无视，不仅对孩子的成长有坏处，更是家庭教育中最大的失败。同时，父母在协助孩子改正缺点的过程中，也要有自己的手段，要依照一定的规则，慢慢让孩子改掉自己的坏习惯。

第三章

鼓励孩子，你能做得很好

阳光未来丛书
好孩子三分爱七分教

YANGGUANG WEILAI CONGSHU
HAOHAIZI SANFENAI QIFENJIAO

孩子，你要对自己负责任

著名教育家茨格拉夫人说过："必须教育孩子懂得他们不同的一举一动能产生不同的后果，那么随着时间的推移，孩子们一定会学得很有责任感的。"

父母在教育孩子的同时，一定要让孩子明白：每个人都应该为自己的行为负责，无论好坏，都要承担其后果。这是父母在教育孩子时一定要着力培养的良好习惯。不论孩子有什么过失，只要他有一定的能力，就应当让他承担责任，这才是父母真正的爱心。

一位法国妈妈带着 7 岁的儿子到一个中国朋友的家里做客。

这位中国的女主人对外国友人的到来非常重视，特意学习了西餐的做法。她对外国母子说："今天我做西餐给你们吃，你们尝尝中国人做的西餐味道好不好。"

小男孩听女主人要给她们做西餐，心想：中国人做西餐肯定不好吃。于是，当女主人问他吃不吃的时候，小男孩坚定地回答："我不吃。"

等女主人把西餐端上来的时候，小男孩被眼前的汉堡吸引住了。这么好看的汉堡，味道肯定很好！小男孩有点迫不及待地对妈妈说："妈妈，我要吃汉堡。"

女主人很高兴小男孩能够喜欢自己的汉堡，就高兴地把汉堡端到小男孩面前，说："来，宝贝，吃吧！"

谁料，这时男孩的妈妈严肃地对女主人说："不行，我儿子说过他不吃西餐，他得为自己所说过的话负责，今天他不能吃汉堡！"

男孩着急地哭起来："妈妈，我要吃汉堡！"但是，男孩的妈妈根本不为所动，只是对儿子淡淡地说："你得为自己说过的话负责！"

女主人看着，觉得男孩的妈妈也太认真了，就说："给他吃吧，孩子总是这样的。"

男孩的妈妈正色对女主人说："亲爱的，我们要培养孩子的责任心。"

最终，无论男孩怎样哭闹，妈妈就是不同意让他吃汉堡。

事实确实如此，只有让孩子懂得自己的行为将会产生什么后果，他才会对自己的行为负责任。

在现实生活中，父母要试着把孩子生活中的每一项责任都放到他自己的身上，让孩子自己承担。比如，当孩子遇到麻烦的时候，你应该说："这是你自己选择的，你想想为什么会这样。"而不要对孩子说："你已经努力了，是爸爸没能力帮助你。"虽然只是一句话，却反映出了观念的不同。如果你无意中帮助孩子推卸了责任，孩子将会认为自己无须承担责任，这对他以后的人生道路是很不利的。

如今，很多父母都不太重视培养孩子的责任心。当孩子遇到一些事情的时候，父母总是替孩子完成，希望能为孩子留出更多的时间去学习。其实，责任心是孩子做人、成人的基础。因为有责任心的人，首先要有一定的道德水准，否则他就不可能对所做的事情负责任。责任心也是做事情的标准之一，没有责任心就不可能认真去做事。

父母培养孩子勇于承担责任的好习惯需要注意以下几个方面。

（1）听取孩子对家庭生活的建议。父母可以适当地与孩子谈谈家里的花销添置及人事来往，并请孩子谈谈自己的看法，或者请孩子出主意想办法。当父母经常聆听他们的意见，采纳他们的有价值的建议的时候，孩子就会在心中产生对家庭的责任感。

（2）不要鼓励孩子告状。如果孩子常在父母面前说别人如何如何，那么，他就是在学着怪罪别人。作为父母，您要是听从孩子的告状，就等于是对他们说："妈妈会帮你处理这些事情。妈妈知道你还太小，应付不了这个。所以只要任何应该让妈妈知道的事，就要告诉妈妈。"这种态度对孩子的成长很不利。一般来说，对孩子的告状，妈妈应该说出自己的想法："我不喜欢你打别人的小报告。"当然，父母必须考虑到安全的问题。如果别的小孩正在做比较危险的事情，孩子跑过来告诉你，你肯定要重视。

（3）让孩子心中有爱，关心他人，善待他人。父母要培养孩子对社会的责任心，必须要求孩子主动关心老人、病人和比自己小的孩子。父母生病的时候，让孩子学会照顾父母。让孩子知道父母的生日，鼓励孩子给父母送上一份生日礼物。

（4）让孩子做力所能及的家务劳动，培养孩子对家庭的责任心。父母要把每件要求孩子做的事情，对孩子交代清楚，保证孩子能完全理解。耐心指导孩子做家务，以鼓励、表扬、奖励等方式对孩子进行积极的反馈。

孔子说："爱之能毋劳乎？"如果我们爱孩子，就让他们在劳动中学习吧。学习承担责任由生活内涵做起，换个角度看事情，请不要再剥夺孩子学习的机会了。

孩子，你要尽心尽力做事

著名教育家陈鹤琴先生曾提出："凡儿童自己能够做的，应该让他自己做；凡儿童自己能够想的，应该让他自己想。"因此，要培养孩子成为强者，父母首先要鼓励孩子做一些力所能及的事情。若是孩子实在太小，有些事做不了，父母代劳一下情有可原。但是，他力所能及时，父母应该教他如何做好自己的事。

要培养孩子自立、自强，首先就必须让孩子从小养成动手做事的良好习惯。凡是孩子自己能做的事情，我们要尽量让孩子学着去做，如早晨起床以后，可以安排孩子扫扫地，晾晾鞋子，洗洗手帕、袜子等；饭前擦擦桌子，准备碗筷、摆放椅子，饭后一样收拾、洗刷；还可让孩子参与择菜、择葱、剥蒜、洗生姜等做饭类的家务活；爸爸妈妈下班回家后，可以叫孩子递条毛巾揩汗、倒杯水喝、打点水洗脸、拿把扇子扇风、搬椅子让爸爸妈妈坐着歇会儿……

当孩子遇到困难时，家长不要一味包办，要先让孩子自己想办法解决。如果孩子确实没有能力解决，也不要直接帮助孩子做，而是给他解决问题的方法。比如，当孩子不会拉拉链时，父母不要直接帮他拉上，而应给他提供一些能帮他学会拉拉链的动作。虽然父母替他们扣扣子、拉拉链会使这些事更快做完，但若给孩子时间来练习与掌握这些技能，则可加强他们的动手能力。

孩子刚开始动手做事时，可能会显得笨手笨脚，甚至会把事情弄糟，这个时候家长千万不要呵斥孩子，而应该耐心地把动作解释清楚并做示范，让孩子看得懂听得清，然后再让他练习。孩子大都胆子小，做事前可能会有顾虑——怕把事做坏了。这时，家长要及时地给孩子树立坚定的信心，打消孩子的顾虑。这样，孩子以后就会大胆地做事了。

儿童文学家吉姆·法里说："人应该有探索，有追求。这些都要从培养独立性和主动性做起。"想让孩子独立自主，就千万不要把孩子当成弱者来看待。父母能干，培养出的孩子未必能干。爱孩子当然没错，可是爱有很多种方式，为什么偏要选这种有害无益的呢？

让孩子独立和爱孩子并不矛盾，不要舍不得放手，不要一厢情愿地心疼孩子。爱他，才更要让他学会自食其力。其实，孩子并不像我们想象得那样脆弱。

周末，刚吃过晚饭，方倩带着六岁的女儿小玖到小区旁边的夜市闲逛。突然，小玖的腿就像被什么东西粘住了一样，方倩一看，原来她盯着一个笼子里的小白兔在看。方倩催小玖到别的地方看看，但小玖开始大吵着要方倩给她买只小白兔。

看着小白兔那可爱的样子，方倩开始动心了。但一想到自己上班那么忙，还要抽出时间来照料小白兔，她又开始犹豫了。聪明的小玖似乎看出了妈妈的心思，露出恳求的表情对妈妈说，自己会照顾小白兔。最后方倩只好向女儿投降。

把小白兔带回家后，小玖很积极，又给小白兔洗澡，又喂它吃东西。

但仅仅过了一个星期，小玖就不愿意照顾小白兔了，觉得照顾它太烦人了。于是，方倩每天下班之后，在自己已累得要命的情况下，还要帮小玖照顾小白兔。方倩开始有些后悔给小玖买小白兔了……

其实，方倩的错不在于给小玖买小白兔，而在于她把本应由小玖承担的责任揽了过来，这不仅让自己很累，而且失去了一次培养小玖责任感的机会。

培养孩子的责任感，应该是家庭教育中的一项重要内容。所谓责任，就是做好自己分内的事。每一个人在社会上都会同时扮演不同的角色，而不同的角色承担着不同的责任。比如，方倩在公司是会计，她的分内工作是会计工作，她承担的责任就是把会计工作做好；在家里，方倩是小玖的母亲，照顾好小玖也是她应承担的责任；买小白兔是小玖提出来的，小玖是小白兔的拥有者。作为拥有者，小玖在享受拥有小白兔的特权时，也应该照顾好小白兔，她必须承担起照顾小白兔的责任。因此，方倩应给小玖创造负责照顾小白兔的机会，以培养小玖的责任感。

对于孩子来说，责任感是一种极其重要的素质，它是提高孩子承担能力的"催化剂"。有责任感的孩子，会自觉、自爱、自立和自强。可以说，责任感是孩子走向成功和幸福人生的必备条件之一，而缺乏责任感的孩子成年后会遭遇很多困难。

　　尽管孩子现在还小，但他总有一天要进入社会。孩子成年走向社会后，将要承担许多社会责任：作为儿子（或女儿），他（她）有责任让自己的父母安度晚年；作为父亲（或母亲），他（她）有责任让自己的子女受到良好的教育；作为丈夫（或妻子），他（她）有责任让自己的配偶过上安乐的日子；作为公司员工，他（她）有责任做好自己的本职工作……这些责任，不存在"想不想承担"的问题，而是"必须"的。

　　但是，现在有相当多的家长不注意培养孩子的责任感。他们不知道，自己为孩子做的很多事情，本应是由孩子去做的。有可能因为家长太忙，也可能缺乏相应的知识，总之，有很多家长不愿花时间去训练孩子，让孩子学习做一些他们力所能及的事情。像方倩这样，一看到小玖照顾小白兔烦琐，为了图省事，就把照顾小白兔的活儿揽了过来。她从没想过要通过让孩子动手来提高能力，其实对孩子是不公平的。

　　家长的责任，不是包揽孩子的一切事情，而是培养孩子的社会责任感和基本的社会生存能力。只有这样，当孩子长大成人，走向社会之后，才能通过自己的奋斗成为一个成功和幸福的人。因此，家长一定要牢记一条原则：不要替孩子做任何他自己能做的事情。

　　家长包揽了孩子自己能做的事，就是剥夺了孩子自己动手解决问题的机会，使孩子缺少获得成就感的体验，这种体验是形成孩子责任感的关键。不仅如此，家长包揽了孩子的事，会让孩子认为自己需要家长的照顾，并且理应受到家长无微不至的照顾。

这样一来，孩子永远不可能形成自己的责任感！

当家长把孩子培养成"小皇帝"之后，孩子就习惯了家长为自己服务，而不会替家长分忧。如果家长不能为他提供无微不至的照顾，他就会认为不公平，会认为家长"欠"了他；当家长拒绝照顾他时，他就会觉得自己是个受害者，于是，他就想报复家长，甚至报复周围所有的人。

方倩可以采取"情商四步法"来处理小玖不肯照料小白兔的问题。

第一步，发挥情商中识别感情能力的作用。当小玖说自己照料小白兔很烦的时候，方倩应压下怒火，认识到小玖是因为不熟悉小白兔的生活习性或学习任务繁重而不愿意照顾小白兔。

第二步，发挥情商中理解感情能力的作用。虽然小玖缺乏耐心，不肯照料小白兔，方倩还是应向小玖表示自己的理解，可以说："妈妈理解你的感受，你现在学习确实很累。照顾小白兔会让你有点烦。"这种理解并不表示认同小玖的行为，而是表示自己理解小玖现在的感受。

第三步．发挥情商中利用感情能力的作用。在方倩表示了自己的同情和理解之后，能够基本消除小玖的抵触情绪，这时，方倩应和小玖说："但是，当初是你决定买小白兔的，你是它的主人，你享受了小白兔给你带来的乐趣，就应该同时承担起照料小白兔的责任。这是你身为主人的责任。"如果方倩是以尊重的态度和真诚的语气跟小玖交流，那么这时小玖肯定会愿意接受方倩讲的这些大道理。

第四步，发挥情商中调整感情能力的作用。方倩讲完道理后，就应针对小玖的实际情况帮她解决问题，可以和小玖一起制订"时间分配方案"，合理分配时间。在与小玖交流时，方倩可以问小玖对照料小白兔还有什么想法、打算怎么办以及如何照料小白兔等问题。

孩子，你要勇于承担责任

责任感是一种高尚的道德情感，是一个人对自己的言论、行为、承诺等，持认真负责、积极主动的态度而产生的情绪体验。例如，实现承诺，完成任务时感到满意、心安理得；由于客观原因未能达到要求，但尽了主观努力时，感到遗憾、问心无愧；未尽到责任时则感到惭愧、不安、内疚等等。责任感一旦产生，就会成为一种稳定的个性心理品质，可以有效地提高学习积极性，自觉加强意志锻炼，促进个性的全面发展。

金无足赤，人无完人。人生在世没有人会不犯错误，有的人甚至还一错再错，既然错误是无法避免，那么可怕的不是错误本身，而是怕错上加错、不敢承担责任。

人非圣贤，孰能无过，知错能改，善莫大焉。发现错误的时候，不要采取消极的逃避态度，而是应该想一想自己应怎样做才能最大限度地弥补过错。只要你能以正确的态度对待它，勇于承担责任，错误不仅不会成为你发展的障碍，反而会成为你向前的推动器，促使你不断地、更快地成长。任何事情都有它的两面性，错误也不例外，关键就在于你从什么样的角度去看待它，以怎样的态度去处理它。

王磊是某化工厂的财务人员。一天，他在做工资表时，给一个请病假的员工定了个全薪，忘记扣除其请假那几天的工资。于是王磊找到这名员工，告诉他下个月要把多给的钱扣除。但是这名员工说自己手头正紧，请求分期扣除，但这么做的话，王磊就必须得请示老板。

王磊认为，老板知道这件事后一定会非常不高兴的，但王磊认为这混乱的局面都是因自己造成的，他必须负起这个责任，于是他决定去老板那儿认错。

当王磊走进老板的办公室，告诉他自己犯的错误后，没想到老板竟然说这不是他的责任，而是人事部门的错误。王磊强调这是他的错误，老板又指责这是会计部门的疏忽。当王磊再次认错时，老板看着王磊说："好样的，你能在做错事情的时候主动承认，不推到别人的身上，这种勇气和决心很好。好了，现在你去把这个问题解决掉吧。"事情就这样解决了。从那以后，老板更加器重王磊了。

如果只是顾全面子，不敢承担责任的话，那最后吃亏的只能是你自己。假如你犯了错且知道免不了要承担责任，抢先一步承认自己的错误，不失为最好的方法。自己谴责自己总比让别人骂好受得多。如果勇于承认错误，并把自责的话说出来，十有八九会宽大处理。作为一个平凡的人，在办事过程中难免会犯一些错误。虽然有些人认识到了自己的错误，但没有勇气承认，或把犯错的理由归结于别的因素。在他们看来承认错误就意味着要受到责罚，却不知道沉默和狡辩的托词意味着逃脱责任。

小刘在一家工厂任技术员。经过几年的实践锻炼，在老同志的帮助下取得了一定的成绩，并且被提拔成车间副主任，负责车间的生产技术工作。

有一次，车间的生产线发生了一些问题，产品质量也受到了影响。小刘看过之后，便立即断言是原料的配比不合适，认为在投放新的一家企业提供的原材料后，原有的配比必须改变。但调整之后，情况仍不见好转。此时，另一位技术人员提出了不同的见解，认为问题的症结并不是新的原料或原料配比不合适，而在于设备本身的问题。对此，小刘从内心觉得技术员的看法很合理，但是，他觉得自己是负责全车间技术与工艺的领导，如今自己的判断出现了失误，就必须承担一定的责任。

为了避免责任，他一方面继续坚持自己的看法，另一方面也布置专人对设备进行必要的维修和调整。但是由于贻误了时机，问题最终还是爆发了，给公司造成了巨大损失。小刘在羞愧之中提出辞职。

有很多人喜欢好高骛远，不能踏踏实实地工作，工作中出现一些小问题也不愿深究。他们的观点是：如果我所犯的错误性质十分严重，我一定会承认的；如果是芝麻大的一点小错，那么再认真地计较，难免有点小题大做，依我看根本没有这个必要。如果你也是这样看待错误的，那就大错特错了。工作无小事，更无小错，1%的错误往往就会带来100%的失败。

人的一生所可能犯的最大错误，是因为怕犯错而不敢尝试。赢家不怕犯错，只怕因为怕犯错而不敢承担。有的人成功了，是因为他们敢于承担责任并吸取教训。遇到问题不要畏惧，要勇敢地去面对，只有抱有这种想法的人才不会永远与失败相伴。

孩子的责任感是从对具体事物产生喜爱开始的，起初表现为对他所敬爱的人交给的任务有责任感，而对其他人交给的同样任务没有责任感，对他爱做的事有责任感，对他不爱做的事没有责任感；以后发展为能对自己说过的话、应该完成的任务负责，对同伴、集体负责；到青少年期便能形成更抽象、更概括的责任心，对国家负责，对人民负责，对事业负责。家长可以从鼓励孩子从事一些力所能及的社会工作来培养孩子的责任感：

社会责任感的有无和大小是一个人能取得他人和社会认可的重要因素，如帮着照看小弟弟、小妹妹，主动帮邻居爷爷、奶奶拿东西等，获得他人及社会对他的肯定，同时也使孩子感到自己的所做工作的价值和意义，并从中得到乐趣，从而建立起对社会的责任心。

家长要摆脱"娇生惯养"的思想，放手让孩子去做，只要有能力去做，能够承担责任，就不要阻拦，家长可给予帮助，让孩子承担责任的体验更加丰富，更加快乐。

孩子，你要独立做事

如果小鸡永远在母鸡的翅膀下成长，那么，它是不可能自己去觅食的。如果小鹰永远在老鹰的呵护下长大，则也不能翱翔天空。同样的道理，孩子永远生活在父母的怀抱里，就无法具备独立生活的能力，就难以适应社会。因此，父母不要大包大揽，对孩子总是放心不下，而要大胆地培养孩子独立的生活能力，让孩子养成自己的事情自己去完成的好习惯。

小英今年 15 岁，一天她和同学们去动物园。下午小英回来告诉妈妈说："我把奶奶刚送的新衣服碰坏了，这可怎么办呢?"

正在准备晚饭的妈妈看看很着急的女儿故意说："先放那里吧，等妈妈有时间了，帮你把新衣服缝好，不过今天姥姥要来哦!"

"那姥姥一会儿来了，看见我把衣服弄破了会生气的。"小英很着急。

妈妈说道："就是啊! 姥姥经常夸你是一个懂事的孩子，什么事情都不用妈妈操心，如果你发现自己的衣服坏了，并且还放在那里，不知道姥姥会怎么想你。"听见妈妈的话，小英的脸刷的一下子就红了。她十分不好意思地对妈妈说："妈妈，自己的事自己做，我自己来试一试吧。"妈妈听后微笑着点点头。

小英找出了针线，决定按照妈妈以前缝衣服的样子把衣服缝上。小英心里喜滋滋的，毕竟是第一次用针线，还真不顺手，因为线不容易穿进针眼，因此，穿针眼用了五分钟，然后，才开始缝。一不小心，针把小英的手扎出血了，她赌气地叫了起来。

妈妈闻声走过来，看见小英把衣服、针和线一起扔在了一个角落里。妈妈心疼地帮小英把受伤的手指包扎好后说："好孩子，你看，手指没事了。缝得很不错啊，但是还没有完成。"听了妈妈的话，小英心里又惭愧起来。经过努力，小英终于把衣服缝好了，双手捧着缝好的衣服，她觉得自己动手做自己的事其实是很快乐的。

由此可见，父母应该从生活中的点滴小事来教育孩子自己的事情自己做，这样有助于培养孩子生活自理的能力。孩子养成爱劳动、自己的事情自己做的好习惯后，在成长路上一旦遇到事情时，就会不需靠别人的帮忙，而自己去完成。

其实，父母替孩子做他应该做的事，不仅不会给孩子带来幸福，反而会使孩子失去锻炼的好机会。

让孩子从小养成自己的事自己动手的好习惯，我们建议父母要做到以下：

（1）孩子分内的事情，父母不得"包干代办"。父母别什么都替孩子包办。整理床铺、洗袜子、收拾书包等都属于孩子分内的事，一定要让他们自己完成。较小一些的孩子可能会做不好，没关系，关键在于练习和尝试。

（2）让孩子亲自动手做事，满足自身需要。任何孩子都有内在的需要，都想亲自动手来满足这种需要。首先，父母要区分孩子的需要是积极的还是消极的。父母要满足的是孩子的积极需要，克制孩子的消极需要。其次，当孩子需要表现出"我要做时"，父母要及时给予鼓励和赞赏，必要时还应创造一定条件使孩子亲自动手做事，满足自身的需要。

（3）让劳动开发孩子的智力。孩子在动手做事情的过程中，手的动作是在脑的活动支配下进行的，是孩子的观察、注意、记忆、想象、思维、言语等能力的综合运用过程。同时，手的动作又刺激脑的活动支配能力，这就是我们平时所说的"心灵手巧"。

（4）对孩子做事提出有计划的要求。父母让孩子劳动的时候，应该提醒孩子做事前想一想先做什么，后做什么，怎样做最好。如孩子初学洗手绢，可以让孩子先计划自己的行动程序：准备好水和肥皂，卷起衣袖，将手绢浸湿，擦肥皂，搓手绢，用清水洗净，晒手绢。父母经常指导孩子有计划地做事，就能使孩子养成有计划性做事的好习惯。

对孩子要学会欣赏

欣赏孩子是指要看到孩子的优点并且多表扬他们。人性中高层次的需求之一，就包括希望被人赞美、让他人满意。而在如今社会，大部分孩子都能在物质方面得到满足，在不缺乏物质的条件下，精神方面的满足是他们所需求的。迫切希望得到他人，尤其是和他们最亲密的父母的关注与赞赏。经常被家长表扬的孩子通常很容易自我认同，比起很少受到赏识的孩子，会更相信自己的能力，以后做事情就更能有热情了。

丽丽是个 10 岁的小女孩，她长相普通，也不开朗。一天晚饭后，丽丽与父母坐在沙发上看电视节目。他们将频道调到一档少儿节目，一个和丽丽年龄相仿的女孩身着白色的小礼服，宛若一个天使在表演节目。她的小提琴拉得很美妙，观众们都被这美妙的琴声所陶醉。丽丽的爸爸看到这个女孩的表演不禁赞美说："这孩子不但长得好看，琴也拉得好，唉，当初如果也让丽丽去学乐器好了。

　　敏感的丽丽听爸爸这么说，失落地噤声了。与那个完美的"小天使"相比，自己根本就是另一只丑小鸭。妈妈察觉出了丽丽的情绪变化，她微笑着抚摸着女儿的头，温柔地说："干什么偏和别的孩子比啊，咱们家丽丽也很出色。"丽丽低着头看着妈妈，低声说："妈妈，我没她漂亮，什么乐器都不会，你还会喜欢我吗？"妈妈听了，笑着对丽丽说："傻孩子，妈妈也不如电视上的明星漂亮啊，你还会喜欢妈妈吗？"丽丽毫不犹豫地说："我还是会喜欢妈妈。"

　　妈妈说："一个道理呀，妈妈也不会嫌弃你。再说，一个人受不受大家的认可和她长得漂亮与否并没有太大联系，真正的原因在于她是不是懂事听话。我们丽丽那么乖巧，又心地善良、有礼貌，大家都很喜欢你啊。"

　　丽丽若有所思地点点头，然后问道："那我需不需要会拉小提琴呢？"妈妈说："这是一项爱好，学什么都不是给别人看的，关键看你感不感兴趣。你不会任何乐器，但你很有绘画天分啊。有这一点，妈妈就足以为你骄傲。"妈妈的这一番话，让丽丽又高兴了起来。

　　"赏识教育"是每个家庭都应该要教给孩子的。如今，多数父母对发现孩子优点还不能做到持之以恒。很多家长都有这样的误区，即混淆了赏识和赞美，认为赏识就只是夸孩子一句"你最棒"。而实际上，对孩子进行赏识远不是简单的几句表扬这么简单。赏识应该是一种对孩子满意的态度。当你把这种态度贯穿到教育孩子的整个过程中，孩子才会真正地被这种力量所震撼。

孩子往往会从赏识教育中得到莫大的精神力量，这种力量对孩子提高信心有帮助，还有助于促进孩子智力发展和身心健康，进而提高孩子在学习上和生活上的斗志和自信，激发孩子更加努力，给孩子带来一个积极向上的童年。那么，家长该怎么做呢？

1. 赏识孩子心灵

"好看""招人疼"是很多家长夸孩子时常用的词语，然而孩子经常被这样夸也会带来负面影响，他们会虚荣心强，也容易因为过于注重外在而不注意自己内在的修养。所以作为家长，应该尽量避免夸奖孩子本来就具备的东西，要多夸奖孩子的内在优点，也就是所谓后天形成的优点。例如，与其说孩子长得漂亮，不如夸他待人有礼；孩子的成绩优秀，要多夸孩子勤奋努力。

2. 全面赏识孩子

对自己的孩子，家长应该有全面的认识，不应该只夸奖自己认为重要的事情。一些父母只看重学习成绩，这对孩子的全面发展毫无益处。

3. 赏识孩子要说出口

用肢体语言表现出对孩子的赏识，孩子可以从中感受到父母对他们很满意。夸奖的话不但可以鼓励孩子奋发图强，更可以使亲子关系和谐，让家庭氛围也更适合孩子成长。

4. 从小事开始赏识孩子

父母要细心观察孩子的长处，这也是善于赏识孩子的父母的必修课。要学会赏识孩子的自身特点，即使是微不足道的成绩都要表示赞扬，认真观察孩子的拼搏过程和他心灵的闪光处，即使是一点点的进步也要对孩子进行赞赏。

多多鼓励孩子，让他更自信

很多儿童教育专家都十分强调鼓励孩子。研究表明，鼓励是使孩子获得自信的最主要的方法。一位著名的教育家曾多次提道："孩子离不开鼓励，就好比人离不开空气。没有鼓励，孩子将无法健康成长。"由此证明，鼓励对教育孩子来说有很多的好处。不过很遗憾，许多父母并不注重鼓励，他们更注重如何矫正孩子的错误行为，很少考虑孩子的行为究竟表现了怎样的心态；有的父母在孩子犯错后只会进行打压或批评嘲讽，孩子的信心受到严重打击。事实证明缺乏鼓励的孩子大都缺乏自信心，很难获得成功。

晓丽天生一副好嗓子，歌声很美，也不跑调，常在家唱给爸爸妈妈听，父母都觉得她很有这方面的天赋。但是晓丽性格内向，不敢当众唱歌。有一次，晓丽的学校举办合唱比赛，要找一个领唱的女孩。晓丽回家告诉了妈妈，妈妈鼓励晓丽去报名。晓丽非常愿意，但是担心唱不好会被大家笑话。妈妈明白了晓丽的忧虑，鼓励晓丽说："妈妈认为你唱得比别的同学都好听，妈妈希望你勇敢地尝试一下。你努力了，就不会有人嘲笑你的，相反，大家会很佩服你呢。"

在妈妈的鼓励下，晓丽壮着胆子去报名。正如妈妈所料，老师立刻决定让晓丽做了领唱。妈妈得知后很开心，对晓丽说："妈妈早知道你会被选中，你是最棒的。经过排练，你还会有大进步的。"晓丽点点头说："我会努力练的。"演出的日子很快就到了，妈妈特意请假，来为晓丽加油。上台前，晓丽感到十分害怕，妈妈安慰她说："不用担心，你唱得很棒。一会儿你就看着妈妈的眼睛，想象妈妈就在你旁边，你就像平常在家里给妈妈唱一样。"妈妈的话让晓丽备受鼓舞，最后超常发挥，观众都被她的歌声征服了，老师和同学们也都对晓丽赞赏有加。这次公共演出让晓丽比以前自信多了，妈妈更是为她高兴。

在孩子看来，他们需要家长的鼓励，以给他们信心、增加对生活的热情。而身为家长，孩子在成长中犯错误不可避免，要给予足够的理解和宽容。孩子在成长过程中表现出来的长处，要给予充分肯定和激励。当孩子遇到困难时，父母要鼓励孩子正视困难，走出失败的阴影，重获成功。孩子在成长的时候，鼓励是极其重要的，其产生的信心是可以影响孩子一生的。在正确的激励下，孩子才能更全面地认识自己，充分挖掘自己的潜力，进而取得更大的成功。

父母的鼓励是孩子成长过程中最好的礼物，是孩子进取、向上的动力。孩子在被教育的过程中，鼓励的作用是不容忽视的，它给予了孩子认可和赞扬，也让他们懂得自重。由此可见，为人父母者应当重视鼓励，注重技巧，以便帮助孩子在复杂多变的人生旅程中走得更加稳健，更加踏实。

1. 用"具体"的方式鼓励孩子

家庭生活中，父母经常会对孩子说"要认真干""要多用功"等这种抽象、模糊、没有实际意义的话，产生的效果也微乎其微。对孩子的鼓励要清楚、易懂并且具体，例如鼓励孩子学好英语，父母与其说"你一定能学好英语的"，还不如说"我觉得你对语言很有天赋，一定能把英语学好，你认为是报班好，还是妈妈买些书和光盘回来你自学?"这样一来，孩子既获得了勇气，也不会不知所措，无计可施。

2. "激将法"是不错的选择

人的潜力是无限的，每个人都有不服输的信念。在孩子做事的积极性不高或者是兴趣不大时，家长可以运用激将法来激励孩子，增加孩子的勇气，鼓励孩子坚持下去。但同时要注意好分寸的把握，不应使用讽刺性语言，以免引起孩子的反感，取得相反的效果。

3. 适度表扬

家长在对孩子进行鼓励时，要结合孩子的实际情况，不要鼓励孩子去做超出他们能力范围的事情，这样不仅不能增强他们的信心，还会因为多次的失败而自卑，丧失积极性，同时还会对家长产生抵触情绪。

善于发现并重视孩子的长处

几乎每个家长都能挑出孩子的一大堆毛病，但让他们说出孩子优点时，很多家长就都说不出来了，只有为数不多的家长能说出孩子的优点，但仅是少得可怜的几点。这种情况之所以会发生，并非是孩子的缺点远远多于优点，而是家长不注重发现孩子的闪光点。

宁宁今年刚上初中，因为学习成绩较差，所以在父母的眼里，宁宁身上只有缺点，并没有什么优点可言。一天，宁宁的姑姑来家里做客，妈妈很不高兴地对姑姑说："你看其他孩子都能学习那么好，我们家宁宁怎么就不聪明呢？花很长时间背的单词，过一小会儿就全忘了，数学应用题他也搞不懂……"妈妈的批评让宁宁难过地低下了头。姑姑看了宁宁一眼，对妈妈笑笑说："这样说孩子是不对的，宁宁还是很优秀的。"

妈妈不屑地说："他哪有什么优点？"姑姑说："怎么会没有？我刚一进门，宁宁不仅帮我拿拖鞋，还帮我放好包，如今这样细致贴心的孩子很少了。"妈妈想了想，说："是的，每当我回家，他都会给我沏杯茶。"姑姑继续说："现在多数孩子沉迷网吧，玩电子游戏，宁宁不玩吧？"妈妈回答道："他平时的娱乐也就是出去踢足球，或是待在家里看书。"

姑姑说："所以他是个懂事的好孩子。你不能只看孩子的成

87

绩，孩子之间的特质不同，成绩难免有差异。宁宁的问题可能是出现在学习的方法上，可以让他表哥周末来辅导他。"妈妈很高兴："那最好不过了。他课余学习很努力，如果再掌握正确的方法，成绩一定会好的。"姑姑和宁宁都笑了。

多数父母都和宁宁妈妈犯一样的错误，判断孩子的好坏仅凭学习成绩，这样会将孩子的某个缺点过度夸大，而孩子在其他方面的优点就给抹杀掉了。孩子被这样的标准衡量，自然觉得自己很糟糕。父母对孩子的教育是否成功，关键在于是否能让孩子的特长优势最大限度发挥出来。只有知道了孩子的闪光点，才能让他的潜力发挥作用，利用特长优势获得成功。父母如果能够把这些优点放大，就可以帮助孩子知道自己的潜能所在，让自己的各种能力得到提高，从而成为人生的赢家。

孩子的优点被家长发现，能使孩子变得更加积极向上。父母的表扬可以帮助孩子树立信心，对自身的能力有了正确的认识，他们也会自觉加强自己的优势，避免弱势。那么，这么做的结果是否就说明家长可以不去管孩子的缺点呢？答案自然是否定的。家长在寻找和放大孩子优点时，有以下几个问题需要注意：

1. 以乐观的心态看待孩子

以乐观的心态看待孩子是每个家长都应该做到的。其实，对孩子细心观察一下，父母会察觉到孩子一直在进步，比如对某些问题认识的提高，对一些问题分析得更全面；也可以是由学业进步体现出来的科学文化知识的积累增加；还可能是课余活动有突出表现，或是在文体方面有所提高。父母要从孩子每一次的细微进步中发现孩子隐藏的优点，并有意放大这些优点，孩子的优点便会被强化，从而有更大的进步。

2. 将孩子的优点"迁移"

一些父母常常抓住孩子的缺点不放，但往往是投入了很多时间和精力，效果却不甚理想。父母应该将孩子在其他方面所表现的优点扩大，再用适当的方式利用优点去影响缺点。比如孩子对学习缺乏信心，却擅长运动，父母就应从这方面培养孩子，让孩子在自己擅长的领域里获得自信，与此同时，父母要在恰当的时候给孩子暗示，他只要足够努力便一定可以获得成功，孩子慢慢也会建立起对学习的信心。

3. 缺点也可以变成优点

单方面强调孩子的优点或是缺点，都不正确。虽然我们提倡家长多发现孩子的优点，但绝不是忽视孩子的缺点。父母的帮助可以让孩子将缺点转化为优点。例如一些喜欢动的孩子，他们反应快，不过缺乏耐心，父母可以分配给他们一些有趣的手工活，例如组装玩具模型，孩子既能从中培养动手能力，又能够锻炼他们的注意力，培养他们的耐心和毅力。

第四章

无论如何养育一定要让孩子身心健康

阳光未来丛书

好孩子三分爱七分教

YANGGUANG WEILAI CONGSHU

HAOHAIZI SANFENAI QIFENJIAO

不妨对孩子"苛刻"一点

看过这样的一篇文章:

山鹰妈妈常常把巢穴安置在悬崖边上,当雏鹰长出双翅时,山鹰妈妈不仅停止对它们的食物供养,还会"狠心"地衔着雏鹰,把它们扔下山崖,山鹰妈妈却在巢穴看着它们在山崖下挣扎、扑腾。当雏鹰飞上山崖后,雏鹰妈妈便飞过来把它们又一次地扔下去。就这样,重复多次之后,雏鹰长出了一对强健有力的翅膀。

山鹰妈妈这么做是不爱自己的孩子吗?如果爱,它怎会如此"残忍"地对待自己的孩子呢?其实,山鹰妈妈这么做正是因为爱孩子,而且是对孩子真正的爱,理智而充满远见的爱。也正是因为这种爱,雏鹰才拥有一对强健有力的翅膀。父母们要知道:孩子是不可能永远围绕在自己身边的。当孩子长大以后,他就离开父母的怀抱,自己去独立生存,追求自己的人生价值。所以,父母们不应该有"捧在手里怕摔了,含在嘴里怕化了"的思想观念,孩子只有经过磨炼,才能丰壮羽翼,才能勇敢地展翅高飞。如果父母能像山鹰妈妈那样理智,孩子又怎么会不懂得"独自飞翔"呢?

在这天底下,没有不爱自己孩子的父母。大多数父母都会对孩子倾尽所有。从孩子出生,父母们便对孩子呵护有加,怕他们吃不饱穿不暖，怕他们受一丁点儿委屈，不舍得让他们吃苦受累。当孩子长大可以做些什么事情的时候，父母又是大包大揽，全部都为孩子考虑周全。不仅让孩子过着衣食无忧的生活，而且还为孩子的求学和就业道路打开"方便之门"，让孩子总是走在平坦的道路上。

父母这样做，不仅会让孩子心安理得地享受着父母的深恩厚泽，还会阻碍孩子的健康成长，限制孩子的人格独立。当孩子身处逆境时，他就会无所适从、一蹶不振。有的孩子一直依偎在父母的翅膀下，即使是到了该赡养父母的时候，他们也不会有所举动，只会做一个实实在在的"啃老族"。所以说，父母过多的感情投入，并不是真的爱孩子，而是教育上的一种偏差。如果真的爱孩子，那就要对他们"狠"一点。

一位单身母亲，坐拥百万资产。虽然衣食无忧，但因为工作的超负荷压力，使她患上了一种绝症。因为病症，她一直痛苦不堪，但是最让她痛苦的是，她的儿子以后一个人在这世上怎么办。后来，她想了一个办法，那就是"狠心"地将儿子赶出家门，让他去独立谋生，经历艰苦的磨炼，期限为一年。

一年后儿子回到家，但他发现母亲已经离开人世，只留下一份用心良苦的遗嘱。遗嘱中写道："做妈妈的没有不疼爱自己孩子的，妈妈狠心地把你赶出去，是有原因的。如果我把什么都替你安排好，让你在没有任何压力的情况下生活，那肯定会害了你。就算是一个富翁，他也有成为穷光蛋的可能。所以说，一个没有吃苦精神和没有经受过磨炼的人，早晚会被这个残酷的社会所吞没。"

明眼人都能看出来这位母亲的用心良苦，她为了让儿子能够早点独立起来，隐瞒了自己身患绝症的事情，狠心地把儿子赶出门去。这位母亲绝对是一个"山鹰式"的母亲，想得深，看得远，如山鹰那样，"狠心"地将儿子"逐出"家门。当自己不能陪伴在儿子的身边时，儿子已经完全可以自立、照顾自己了。

这些例子虽然震撼人心，但在现实生活中，真正能做到这样的父母真的是不多见了。几年前，有位父亲想要模仿这样的例子来教育儿子，结果可想而知。虽然有人对他的做法表示赞赏，但更多的却是反对声，甚至是谩骂之声，骂他是一个冷酷自私的家长。

肖少北教授建议父母：首先，要让孩子经受磨难教育，从而增强他们的自立能力和责任感，让他们从精神上尽早"断奶"；其次，要减少对孩子的事情进行干涉，让他们自主成长；最后，要让年轻人不能自视过高，要抱着一种务实的态度去工作、生活。如果实在没有办法，可以将孩子从身边"赶"走，让他们在艰苦的生存环境中尽快地学会自立。

过度的保护只会让孩子失去战斗力，缺乏竞争意识和忧患意识。作为父母都希望自己的孩子学有所成，团结同学，光宗耀祖，孝敬父母等。但是说归说，想归想，怎么才能让自己的孩子成为真正的"龙"呢？那就需要父母的配合了，只有父母对孩子"狠"一点儿，等孩子长大了，才会成为一个幸福的、受人尊重的人。

在家庭里，母亲的角色大多是慈爱的，她们认为孩子长大了就自然变好。实际上，只有小的时候把孩子教育好了，孩子才会长成一个真正的独立自主的人。

随着社会的进步，生活水平的提高，很多家庭都奔上了"小康之家"，再加上父母把孩子都看作眼中宝，让孩子成了"贵族"。一位家长说："'包办'和关爱孩子，是我们做父母的责任，我们都经受过苦难，难道还忍心让孩子再经受苦难吗?"

其实，父母这么做并不是在爱孩子，而是在害孩子。俗话说：宠着的孩子长不大。饭来张口、衣来伸手的溺爱只会剥夺孩子的动手能力和创造力。

有一个发生在美国的故事：

5岁的儿子总是不好好吃饭，这让父母很头疼。有一天，孩子要别扭不吃饭。母亲很严肃地问他：吃不吃晚饭？孩子很坚定地说：晚上不吃，明天早上也不吃。母亲听罢便做自己的事情去了。晚餐时，母亲坐在餐桌前吃饭，让孩子在一旁看着。孩子说：想吃饭。母亲狠下心说：你都说了晚上不吃饭的，说过的话就应该算数。当孩子上床睡觉前，肚子已经咕噜噜地叫了，他小声地对妈妈说：我想吃点东西。可母亲严肃地拒绝了他。此后，孩子再也没在吃饭问题上让母亲为难。

如果中国的孩子不好好吃饭，父母们会怎么去做呢？那肯定是求着孩子吃饭了，不然就以零食来诱惑孩子吃饭。父母要想让孩子成为一块好钢，那就得让他在学习和生活中吃点苦头。在此，我要对父母们说，只有对孩子"狠"点，孩子才能真正长大。在这一点上，华人首富李嘉诚就做得非常好，很值得我们学习。

李嘉诚有两个儿子——李泽钜和李泽楷。李嘉诚一直要求两个儿子克勤克俭、不求奢华，所以兄弟俩从小便养成了独立的性格和节俭的好品德。他们在美国读大学期间，放学后都会到附近的餐厅打工。为了学会独立，节省生活开支，兄弟俩还学会了做饭。

一次，李嘉诚到美国探望儿子，到的那天正好是个雨天。李嘉诚远远地看见一个年轻人骑着自行车，背着大背囊，艰难地在车辆之间穿梭。李嘉诚为那个年轻人捏着一把汗，希望他能平安地到家。但是看得久了，他发现那个年轻人很面熟。再定眼看，李嘉诚的眼睛里已经含着泪花，原来那个年轻人正是自己的儿子李泽楷。

李嘉诚在教育上，对儿子很"狠心"，但也正是这种"狠心"，才换来他们事业上的成功。大儿子李泽钜叱咤香港地产界，小儿子李泽楷初涉商海便成为亚洲新经济的风云人物，被誉为商界的"小巨人"，大有超越其父李嘉诚之势。

如果你想让孩子将来有出息，那就不妨学学李嘉诚，对儿子"狠"一点！

让孩子为自己的错误"担责"

孩子的路是要靠自己走的，即使现在父母和孩子一路同行，但他们总有一天会离开孩子。俗话说：帮得了一时，帮不了一世。所以，当孩子犯错误时，父母要让他为自己所犯的错误"买单"，虽然这个"单"比较大，但孩子必须学会承受。

有这样一个故事：

小航放学回家以后，随手把书包往沙发上一扔，谁知道这一扔就扔出了事儿。他的书包把遥控器碰到了，遥控器掉到地板上被摔碎了。他看着地上散落的遥控器碎片，脸上露出了复杂的表情。小航弯下身拾起碎掉的遥控器，心里想：这下完蛋了！要是妈妈知道了，她肯定会特别生气的。

小航犹豫了一会儿，还是决定把遥控器藏起来，藏到哪里好呢？试了几个地方他都觉得不满意，最后，他把遥控器藏在了书柜里，然后回房间写作业。忐忑不安的小航写作业也静不下心，突然，他站起来在房间的抽屉里翻来翻去，最后从抽屉里翻出一瓶万能胶，原来他是想用万能胶把遥控器粘好。

在他的一番努力下，本来碎掉的遥控器已经被粘好了。不仔细看的话，是看不出来摔过的。他悄悄把遥控器放在了原来的地方，心中暗暗地庆幸着。

妈妈下班回来后，叫小航过来吃好吃的。小航听到有好吃的，便飞快地跑了过来。不知怎么搞的，他一看到妈妈的笑，心里就又打起了小鼓：我应不应该向妈妈坦白呢？如果坦白了，妈妈会不会骂我呢？不管了，骂就骂吧！小航硬着头皮走到妈妈身边，用抱歉的口吻说："妈妈，我做错了一件事，您能原谅我吗？"妈妈听到小航的话并没有生气，她说："怎么了，你是不是闯祸了？"小航觉得妈妈太神了，连他做错事了都被猜到了。于是，他把事情的经过对妈妈讲了一遍。妈妈知道事情的缘由后，笑着对小航说："你个小家伙鬼点子可真多！小航，能够认识到自己的错误并承认错误的孩子就是好孩子，妈妈不怪你。"听完妈妈的话，小航才是真正地如释重负。

小航的故事告诉我们：无论做错了什么，都要敢于为自己的错误"买单"。一位哲人曾说过，犯错误是人的惯性行为之一。其实，错误本身并没有那么可怕，可怕的是当错误变成事实的时候，我们选择了逃避。

当孩子犯错误时，父母不应该替孩子的过失行为承担责任，而是应该让孩子为自己的过失行为承担责任。父母要注意：躲避责任的做法，不仅会给孩子的人生留下硬伤，而且还会让孩子一错再错。

现今的独生子女，优越感极强，责任感极低。他们觉得有父母这座大靠山靠着，不用什么事都在乎，反正犯了错误或遇到难题都有父母兜着。等孩子长大以后，他又怎么会对家庭负责，对别人负责，对国家负责呢？

因此，父母要从小培养孩子的责任心，一个敢于为自己的错误"买单"的人，他才会有着坚不可摧的力量。

对女孩"富"养可以开阔她的眼界

关于对女孩的富养问题，父母应该尽可能地开阔女儿的眼界，培养她高雅、睿智的性格，从而让她获得幸福的一生。

伟大的物理学家阿基米德就曾说过："多看，多听，多接触，你就会成为智者。"我们也常常会听别人说道："眼界决定境界。"

由此可见，开阔视野对一个人来说有多重要！同样的道理，在家庭教育的过程中，父母也要懂得"站得高看得远"这个道理，从而让女儿开阔眼界。

下面我们来分析一个很典型的事例：

卡莉·菲奥里纳是一个成功的女性，她从推销员做起，一路经过奋斗和拼搏，最终成为世界上为数不多的几个女企业家之一，同时也是全球 30 家特大型企业里唯一的女性总裁。

自 1998 年开始，卡莉·菲奥里纳便连续数年都占据着《财富》杂志"全球女企业家 50 强"的榜首位置，沐浴在成功的光环之中。此外，这位精明强干、深通管理之道的女性企业家，还是一位个性张扬、注重个人形象的完美主义者。卡莉十分在意自己的仪表，总是将自己打扮得高贵优雅而又大方得体。她每次都会以引人注目、神采飞扬的形象出现在别人面前，让人情不自禁地为之赞叹！

实际上，卡莉成为这样一个知名且有涵养的女人，和她的家庭有着莫大的关系。卡莉的父亲斯里德先生是联邦法官兼法学教授，母亲马德伦·斯尼德是一位画家。童年时她便已经追随其父母游历了许多的国家。后来又因为父亲的工作需要，而不得不经常搬家，在中学时期，卡莉就换了 5 所不同的学校。在平时，卡莉特别依赖做画家的母亲。在母亲美丽画面和绚丽色彩的熏陶下，小卡莉受到了很大的启发。

在母亲的影响下，卡莉逐渐有了开阔的眼界，并最终成了一个有思想、有主见、勤奋严谨、积极向上的女孩。

我们从卡莉这个成功的女强人身上能够得到很多的启示，尤其是懂得了开阔女孩的眼界是多么的重要。如果女孩一生中只保持一种认知方式，那么她适应新情境的能力就会变得僵硬并受到限制。但作为父母的我们如果能够为她打开一扇宽广的世界之窗，那么她就不会只用一种单调的方式去认知整个世界和社会。因此，父母们应该尽可能地帮女儿开阔眼界，让她通过多种渠道获得知识。

女孩富养，并不是指包办一切

我们能给孩子生命，却不能够代替孩子去生活。我们能够给孩子带来梦想，但却不可能代替孩子去实现。我们能够给孩子生活上的享受，但却不能代替孩子去创造享受的条件……因此，作为父母，我们要清楚地认识到，我们可以为孩子做很多的事情，但并不代表我们可以包办孩子的一切。

其实，包办也是一种溺爱，也就完全背离了"富"养的本质要求，如果父母想要让孩子全面发展，就要摒弃这种陈旧的观念，让孩子树立一种独立做事的风格。

如果父母对孩子太过于溺爱，甚至是准备为孩子做好一切，那么不仅会扼杀孩子的自立性，更会造成一种新的"本末倒置"的现象。

我是典型的80后，其实在"老少倒置"这种情况中，子女处在一种很无奈的位置。现在的父母在教养女孩方面，从出生、上学、就业，甚至是结婚都要包办。试想一下，如果孩子对什么问题都没有一点主见的话，那这样的孩子将来又如何能在社会上立足？再者说，现在又有哪些父母曾主动地让孩子去做一顿饭，甚至让孩子在旁边观看学习的都不多。对于任何事情，如果孩子都不曾亲自参与，又怎么可能独立呢？试想一下，孩子每天面对的如果只是课本和作业，关心的只是学习和成绩，从没有机会涉足社会实践，那么又怎么可能学会独立呢？因此，从某些角度上讲，正是父母包办一切的做法，导致了这种"老少倒置"的现象。看到这里，想必父母们应该都明白了，对孩子这种包办型的溺爱，只能给孩子带来一种极为严重的负面影响，甚至让孩子成为为父母而活的"傀儡"。

河北龙阳心理咨询中心的咨询医师认为，父母对孩子这种过度的溺爱，并不是父母爱孩子的表现，恰恰相反，这是一种懒惰的爱，不负责任的爱。真正爱孩子的人会尊重孩子的独立，会在不同的阶段满足孩子不同的成长需要，并且懂得适时地放手让孩子去自由发展，接受孩子自我独立和自我成长。但想要做到这一点，却着实不易。这是一个挑战，父母要跨越这个鸿沟承认孩子是一个独立的人，而不是我们的附属品，必然要对传统的教育进行质疑甚至推翻，这就要求父母必须对孩子进行全面的沟通和了解。

咨询医师还总结说，父母对孩子这种一切都包办的"爱"是溺爱中最为突出的一种表现。这种方式养育出来的孩子，没有一点的自主能力，因为她们的一切都已经被父母安排好，自己什么都不做就能够得到一切，甚至都不被允许自己去解决问题。

美国心理学家帕萃斯·埃文斯在她的著作《不要控制我》中也写到，她的一个朋友在很小的时候就真正地"看清楚了自己"。从那个时候起，她的那位朋友就"感觉到一种安全感"，并且能够随时都感觉到自我的存在。当然，她能有这种感觉，肯定是出自父母对她的独立性和自我感觉的尊重。

这些人是幸运的，因为她们能够挣脱父母的庇佑，从而变得羽翼丰满，能够在很小的时候就产生明确的自我意识，这也造就了她们长大后拥有鲜明的个性、强烈的好奇心和高度的创造力。

只有让孩子通过自主的探索，才能形成真正属于她自己的领域，才能发现自己的价值和自己在社会上所处的位置，并在此基础上产生强烈的责任心，甚至做出自己都想象不到的丰功伟绩。

但是反过来讲，如果碰上包办型溺爱的父母，孩子就没有那么幸运了。父母们太注重塑造，因此就剥夺了孩子自我探索的机会，并刻意按照自己规划的蓝图去塑造孩子，完全忽视孩子的独立人格。那么，在这样的环境中成长的孩子，不论她们多么的完美，都始终感觉不到自我存在的价值，甚至她们都不清楚自己到底是为谁而活。但是，我们必须要面对的是，这样的教育方式不仅仅会影响孩子的一生，让孩子无法独立生活，甚至还会造成无法挽回的遗憾。

心理专家曾对中国父母包办型的高度溺爱做过分析，他们认为，其实这是一种交换性质的教育方式，在父母"无私"为孩子做好一切的同时，孩子就要回报给父母一个"好成绩"。

24岁的大连女孩刘蕊（化名）就是在这样的教育方式中长

大的，虽然现在的她业绩优秀，深得领导赏识，但她却还总是担心自己做不好，并因此来咨询心理医生。

刘蕊是家中最小的一个女孩，她有两个姐姐和一个哥哥，因此深得父母的宠爱，并将她视为"掌上明珠"。只要她提出的要求，父母会不惜一切满足她。

不仅如此，从刘蕊上幼儿园，直到毕业后的工作都是父母一手安排的。父母如此为她含辛茹苦，只希望她能够有一个完美的人生。

幸运的是，刘蕊也很争气，从入学到工作，一直都很优秀，这让她的父母常常引以为傲。毕业后，她又在妈妈的安排下进入一家外企工作，由于业绩优秀，几年内就得到了数次提拔。

从她前几次的心理咨询中，我们能够看出来，刘蕊是很在意她父母的。她说"对于父母，我从来没有过怨言，他们是完美的父母"。

直到最近一次，我们从谈话中发现了刘蕊的不满情绪。后来了解到原来在刘蕊毕业后，她的妈妈就一直忙着给她介绍对象。刘蕊说："其实妈妈介绍的那些人都挺好的，只是不知道为什么会对他们产生抵触情绪。"后来，当听到刘蕊说她妈妈为了她的婚姻大事哭起来的时候，我们能够明显地感受到刘蕊的情绪变化。

了解之后，医师便尝试着让她平复心情，调整一下状态。等她的情绪稳定以后，医师为她找来了两把椅子，一把代表她妈妈，一把代表她自己。刘蕊听医师的安排先坐到代表的椅子上，想象自己是妈妈，对着那把代表自己的椅子哭诉自己的良苦用心。然后又坐到代表自己的椅子上，以自己真实的感受对她"妈妈"倾诉。由于事先医师告诉刘蕊要放弃意识里的"不能生妈妈的气"的思维，她大声哭喊着对"妈妈"说："我想我自己做主一次，我不喜欢你和爸爸这样什么都为我安排好，我要自己做主！你们都不曾考虑过我的感受，你的包办让我感觉到窒息！"

事后，刘蕊静下心说："父母对我过度的爱，让我有了一种窒息的感觉。直到现在我才明白，原来我一天都没有为自己活过，一直都只是在为了父母而活着。"

其实，每个人能够懂得为自己而活的时候才是最完美的，就像故事中一样，虽然刘蕊很优秀，但只是在走父母为她建好的轨道，再完美也不过是一个"傀儡"。所以，父母要多体会一下孩子的感受，不要将自己的意愿强加到孩子身上。

如果父母觉得孩子终究是孩子，只有在父母的庇佑之下才能有一个好的人生，那就大错特错了。如果我们一切都为孩子包办好，孩子又怎么可能独立？孩子又如何能产生责任感？如果孩子连这些品质都不曾具备，那么当我们百年之后，孩子又该如何呢？

让我们来看下面这个故事：

李亚今年22岁，从广播学院毕业后就被分配到了电视台当实习播音员，她非常想得到这份工作，可是学校送来的实习生却不止她一个人。

李亚工作起来十分卖力，尽管学校离电台很远，可每天第一个到电台的总会是她，最后一个离开电视台的依然是她。很快，她就引起了老同志的注意，并被安排去播报新闻。

有一次，李亚刚回到学校，听到同学们说话提到了姓氏，猛然想到自己今天录音时可能读错两个字——万俟。当时她还请教了一位电台的老同志，老同志也说念"wàn sì"，她也就那么录了。于是她放下包裹，立即翻开字典，果然，字典上说，"万俟"在指姓氏时应念"mò qí"。

这时李亚的第一反应就是必须要回去改掉，作为一个播音员，白字、别字、错字是万万不能出现的，怎么办？李亚焦急地在原地打转，终于下定决心，冒着大雨再次返回了电视台。

当她返回电视台时，已经快晚上十点了。李亚一口气跑到了三楼的播音室，把已经录好的带子取出来，找到播音员，把"万俟"两个字的读音改了过来。这下李亚才敢坐下喘口大气。在准备回学校的时候，她碰到了台长，于是她主动跟台长打了招呼："张台长，您好！"

"嗯，怎么这么晚了还没回去呢？"

李亚不好意思地笑了笑，说："有两个字念错了，我回来改一下。"

张台长说："那你在哪里住呢？"

"我还在学校住。"

"要多久才能回去啊？"

"也不是很远，一个多小时就到了。"

张台长略有所思地点了点头。

最后，毕业后的李亚留在了电台。

在生活中，可能会有很多人都经历过这样的事情，相信大部分人都不会为这样的一件小事再折回去，更何况是在这种恶劣的天气下。但也正是李亚的这种强烈的责任心，成就了她的一生。同时，我们能够想得到，她身上这种认真负责的态度，如果不是从小就经过严格的教育是很难培养出来的。

那么，对于父母来说，什么是能够让孩子做的呢？

1. 让孩子有私人空间

现在很多父母都因为太溺爱孩子，所以总是让孩子和自己在一起。其实，在女孩 6 岁的时候，就应该让她们拥有自己的房间，而且她自己的房间由她自己收拾。这样不仅有利于女孩心灵上的成长，也会极大程度地提高女孩的情商。此外，还能培养孩子的独立能力，让她们能够自行解决自己的事情。

2. 多问问孩子的意见

很多父母为了能够扩展女儿的知识面，经常给孩子买书、买礼物来促进她们学习的积极性。其实这些都是无可厚非的，只是父母应该多了解一下孩子的兴趣爱好，问下她们喜欢什么样的书，并带着她们去买。这个时候，父母不要因为孩子所选的书不好而否定孩子的想法，因为这样会在孩子心理上形成一种"自己不会买东西"的想法。甚至在更多的方面，父母都应该倾听下女儿的想法，这样不仅能够培养她们独立的思维方式，也可以锻炼她们的分析判断能力。

在教育孩子的时候，不要为孩子包办一切，最好的方式是给孩子独立做事情的机会。这样孩子既能学会独立，又能锻炼思维能力，是培养和训练孩子自我服务能力的有效途径。因此，父母要及时转变教育模式，把"让她做"变成"她要做"，其效果会更胜一筹。

第五章

如何培养孩子的交际能力

阳光未来丛书

好孩子三分爱七分教

YANGGUANG WEILAI CONGSHU

HAOHAIZI SANFENAI QIFENJIAO

多去培养孩子与人合作的能力

合作是每个现代人都应该具备的能力。假如一个人不能与人合作，他就会失败。合作不是普遍情况下的人际交往，而是共同目的性地成为互助互利的双赢关系。善于合作的人总是可以自由跟人交流，也喜欢边借鉴他人的意见边做事，从他人那里获得帮助。不过，这种性格并不是天生的，是可以后天培养的。

1. 要让孩子懂得与人合作的必要性

在平时生活中，有很多一定要两个或多个人一起协作才可以完成的事情，一个人是不能完成的。家长可以在这种机会来到时让孩子尝试一下独自不能完成的失败感，从而明白与人协作的必要性。

2. 让孩子体验合作的快乐

孩子可以从成功的合作中获取良好的体验及乐趣，进而促进孩子产生合作意识和合作行为。

3. 教育孩子与朋友沟通

要使孩子与同伴有足够的时间在一起，他们能共同交谈、分享、玩游戏或一起完成作业。父母要懂得，孩子们应该有他们独自的生活，假如孩子讨厌与别的孩子交往，父母应当有意识地鼓励孩子与他人接触。假如父母和老师过多地干涉孩子，甚至不许他们之间进行交流，那就会因小失大，因为孩子获得合作的能力与感情体验的最根本的条件就是交往，它能够让孩子丢掉孤僻的性格。

4. 使孩子和朋友共同承担任务

要想提高孩子的交际能力，可以分配一些任务让孩子与他的朋友一起努力完成。有时候，如果任务很复杂，需要进行分工，这就更锻炼了他们主动交往与协调能力。一旦把任务交给了他们，就要让他们独立去做，即便遇到挫折或者产生矛盾，也要只答不教，更不要什么事都替他们做。

5. 要鼓励孩子独自解决与同伴交往中的矛盾和问题

孩子必须提高自己的合作能力。孩子在交往中会不可避免地产生矛盾，假如不能使这些矛盾得以妥善解决，那么就永远无法学会合作。所以，当孩子与朋友不和时，应告诉他们不要逃避，并可以给他们一些建议。要培养孩子解决矛盾的能力，是迎着矛盾让孩子去主动沟通，而不是单方面处理，也不能回避或者拖延。有些孩子只喜欢和一类同伴沟通，而不屑交往其他朋友，这种过高要求的交往其实就是逃避的心态。家长更应有意识地引导、鼓励这类孩子，想办法让他们体验到在解决交往中的矛盾并在成功中获得满足感，从而在人际交往中更顺手。

6. 让孩子知道竞争与合作共存

现在的孩子一般都是独生子女，家里也没人跟他争，家长一般也不会对他的要求提出什么异议。不过在学校，竞争者和反对者就都出现了。这样的话，孩子不会把那些反对并与自己竞争的同学当成合作对象。因此父母要及时教育孩子摆正竞争姿态。为了实现自己的目标才进行竞争，这并不意味着跟其他同学作对。父母要教育孩子，同学是学习上的竞争对手，但在生活上可以是合作伙伴，一定不能把他人当成敌人，为了跟他人对立而不顾一切。与此同时，家长要教会孩子跟人交往的技能，使孩子学会考虑集体的利益，在必要时刻要牺牲个人的利益。假如孩子缺乏这种意识和精神，是不能获得大家认可的。想让孩子和别人合作融洽，就必须具有和他人合作的能力。

教会孩子去赞美别人

赞美有着巨大的能量，赞美是我们乐观面对生活的重要因素，能让我们更加自信；赞美是人际关系的调和油；赞美能弥补自我不足，以积极向上的心态生活。即便只是简单的几句赞叹都会使人的心理得到满足，把一个真诚的赞美传递给别人，能让对方感觉到温暖。因此，在实际生活中，应该教导孩子去发掘、去寻找别人值得称赞的优点，然后真诚地告诉别人，这样不但能给别人带来快乐，给他的生活增亮，孩子自身也会给自己营造一个良好的人际关系环境。

在人际交往时恰当地运用赞美，能使人与人的关系变得亲密，消除隔阂，增加双方的亲近感。因为它能给别人带来自尊心和荣誉感上的满足，这样也就减少了抵触感，使双方的认识更加深入。赞美可以鼓励他人，并使之不断进取，不过也能使人盲目自满。因此，一定要有技巧地赞美他人。有一句名言说得好："赞美之词具有两面性，它既能使人际关系得到进步，消除隔阂；也能给别人造成伤害，不利于人际关系的发展。"

应把赞美他人变为一种习惯，而且要从小培养这种习惯。那么，这种习惯应该怎么培养呢？

1. 一定要真诚地赞美别人

虚伪的胡乱夸赞绝不能与赞美相提并论，赞美他人时表情一定要认真诚恳。假如其他同学做事情失败了，你却赞美道：你干得很好，我想做还做不到这个地步呢。此时，别人听起来就是讽刺了。赞美不真诚往往会适得其反，不仅不能让别人感到高兴，反而可能让别人的心灵受到伤害。人只有能诚恳地、发自内心地赞美，才能让别人真正地喜欢你。

2. 对事不对人

对别人说奉承的话绝不是赞美。不能教孩子毫无依据地赞美别人，单纯说"你人真好"这样的赞美没有价值。要赞美的一定是事情本身，这样赞美别人时才能让别人喜欢你。

3. 善于使用间接赞美

对别人进行赞美和鼓励可以借助眼神、举止、姿势。一般的人对表情和动作的敏感度要超过对语言的敏感度，在某些场合，人的表情是装不出来的，也不会包含太多虚伪。例如，表达对别人能力的倾慕和敬畏可以用微笑、惊叹，或是夸张地瞪大眼睛，对方会很容易接纳这种方式。此外，如果想教孩子养成赞美别人的习惯，父母要先让孩子感受到赞美的力量。例如，李龙的英语成绩一直很差，他为此总是感到非常沮丧。有一次考试，他及格了，而且老师给予了表扬，他的父母更是充分赞扬和鼓励了他。这次好成绩使他又恢复了自信，学习成绩不断提高，终于考上了自己梦寐以求的大学。

恰当地赞美别人是必要的，它能使人与人之间的距离变近，使别人对你充满友善，让别人信任你。日常生活中，只要这一点被孩子注意到了，常常适当地对别人进行赞美，会使孩子的生活得以改变，让孩子的生活充满爱，并深刻地感受到爱的滋味。

让孩子懂得与人分享

分享是一种高尚的品质，也是一种幸福的体验。萧伯纳曾说："如果你和我都有一个苹果，互相交换，每个人还是有一个苹果。可是如果你和我各有一种思想，互相交换的话，每个人拥有的是两种思想。"分享可以减少人的痛苦，然后获得幸福。日常生活中，每个人都需要把自己的痛苦和快乐与人分享，缺少了分享，他得到的将是乏味枯燥的人生。

现在的孩子自私自利的现象太过严重，而孩子出现这种状况主要来源于家长的溺爱。为了使孩子的爱心不至于枯竭、消失，家长不但要爱孩子，更重要的是要把爱人的方法教会孩子。家长对孩子溺爱是最可悲的事，自私的孩子就是被这种爱滋养出来的。因此，父母在表达自己对孩子爱的同时要教孩子学会分享。

跟别人分享食物、玩具、快乐、经验等，说一些关心体贴的话，遇到有困难的人给予帮助，别人的错误不要计较，能够宽容谦让地对待他人，这样，就能慢慢培养孩子的爱心了。

那么，怎么让孩子养成分享的好习惯呢？

1. 要让孩子品尝到分享的乐趣

通常情况下，以自我为中心的孩子们有这样的特点：

自私自利、自我得意、目空一切，没有自信心。有的孩子即使表现得很娇纵，也是一种自卑的表现，其交际能力比较差，不会与人共处。

2. 通过移情的方法引导孩子与他人分享

要想孩子学会跟别人分享，家长应给予其适当的教导。如吃饭的时候，要教会他给长辈夹菜；孩子如果给父母拿东西，父母要给予其鼓励；让孩子学会给客人让座。让孩子尽可能地做这些事情，通过做有益于他人的事，让他们尝到由此给他们带来的喜悦。

3. 让孩子通过交换学会分享

很多孩子在玩耍的时候，总是期待所有的东西能够独自占有。其实，孩子的这种举动和思想都是不对的。可是，父母只是一味地指责孩子，反而会使孩子产生消极影响。一旦碰到这种情况，家长可以鼓励孩子用自己的玩具、图书和他人交换，使孩子学会和别人互借物品，通过这个方法让孩子学会分享并享受分享的乐趣。

4. 允许孩子拥有独自的珍视品

我们每个人都有自己珍贵的东西，孩子也有。父母可以让孩子藏起他认为重要的并且不能与他人分享的宝贝。

只有孩子把自己的宝贝藏好了，他才会大方地借给别人其他东西，才能更好地做到跟别人分享。假如父母强迫孩子和他人分享所有的东西，这不仅没有道理，反而会让他们产生抵触心理，让孩子做出叛逆性的举动。

学会分享，可以使孩子在共享中获得永久的生存发展；学会分享，可以增强孩子坚定的自信心，培养敢于独立的能力。因此，不要让你的孩子再自私下去了，让他们飞翔在更加自由的、懂得分享的天空下。

教导孩子待人接物的能力

黄达在小区花园里踢球，邻居小莉抱着金鱼缸来晒太阳。小莉说："黄达，你可小心点，别踢着我鱼缸啊。"黄达说："那你离我远点，我可控制不好。"小莉抱着鱼缸走了。黄达说："真是小心眼儿，说一句话就跑了。"

晚上，黄达妈妈请小莉来做客，教黄达数学。黄达马上说："我不答应，我不学。"小莉说："你怎么态度这么差？我也是好心帮你。"黄达说："你的好心我不需要。"小莉生气地说："黄达，我可是到你家做客来了，你怎么这么凶啊，我不敢招惹你了。"说完就转身走了。

黄达气呼呼地说："妈，我态度就是这样，我又没说什么，看她气成那样。"妈妈说："看来是我太惯你了，你刚才很不礼貌，把小莉都气走了，一点也不像主人的样子。"

待人接物是一门高深的学问，主客之间的礼仪是其中很重要的内容。主客双方都应遵守规则，一旦一方未按规矩办事，另一方便会觉得对方不懂礼数，感觉受到了侮辱。主客矛盾出现，双方常常会不欢而散，正如上例中的黄达和小莉一样。因此，父母应该从小就培养孩子学会待客之道。

如何待客是反映孩子内心世界的一面镜子，父母应该给予重视，切莫以为这只是大人的事情。家里来了客人，孩子会做出各种表现。有的孩子见了陌生的客人，站在角落里，不声不响，默默地注视着客人的举动，即使客人跟他讲话，他也是笑而不答，或表现得相当紧张。有的甚至躲进厨房，不肯出来见客人，显得胆小、拘谨，对客人的态度冷漠。有的孩子则相反，看到家里来了客人，便拼命地表现自己，一会儿要喝水，一会儿要吃东西，一会儿翻抽屉，甚至为了一点儿小事大哭大闹，显得不懂礼貌，不能克制自己，以"人来疯"的方式引起别人对自己的关注，表示自己的存在。还有的孩子在家里来客人时，能主动打招呼，拿出糖果招待客人，表现得热情而有礼貌。

孩子在家中来客时的种种表现虽然和他们的个性心理有关，但也和父母平时对孩子的教育有关。来客时表现不佳的孩子，父母往往缺乏这方面的培养和训练，在接待客人时，忽视了孩子在家中的地位。那些在家中来客时表现较好的孩子，父母往往比较重视这方面的培养，让孩子和父母一起接待客人，孩子逐渐地消除了对陌生人的紧张心理，学会了一些待人接物的方法，表现得落落大方。由此可见，让孩子共同参与接待客人的活动至少有以下几个好处：

（1）有利于培养孩子的主人翁感。孩子在参与接待客人的过程中，体会到自己和客人的地位不同，自然会产生一种自豪感和责任感，他会比平时小心十分，殷勤百倍。

（2）有利于培养孩子礼貌待人的好习惯。要接待好客人，让客人满意，孩子就必须在语言行为上都讲究礼貌，接待客人实质上是给孩子提供了礼貌待人的练习机会。

（3）能使孩子学到一些待人接物的方法。

最初，孩子是不会接待客人的，这就需要父母的帮助和引导。怎样培养孩子接待客人的能力呢？

1. 让孩子做好心理准备

在客人尚未到来之前，父母应告诉孩子，什么时间来，谁要来。假如客人是第一次上门，还要告诉孩子，客人与父母、孩子的关系，该如何称呼客人，使孩子在心理上做好接待客人的准备。

2. 共同做准备工作

父母可以和孩子一起做接待客人的准备工作，如打扫房间，采购糖果，和孩子共同创造一个欢迎客人的气氛。

3. 指点孩子接待客人

父母除了自己热情招待客人以外，还要指点孩子接待客人，让孩子感到自己是家中的小主人。例如，客人来了，父母要指点孩子招呼每一个人，请客人坐，请客人吃糖果。还可以让孩子把自己的玩具拿出来给小客人玩，把自己的相册拿给大家看。

4. 学着与客人交谈

父母应鼓励孩子大方地回答客人的问题，别人在讲话时，提醒孩子不随便插嘴。如果孩子在某一方面有特长，可以提议让孩子为客人展示，以制造一种轻松、愉快、热烈的气氛。

5. 根据孩子的特点提要求

在让孩子学习接待客人时，要注意根据孩子的特点对孩子提出要求，不要强求孩子做不愿意做的事。例如，对待胆小怕事的孩子，要求简单些，可以让孩子与客人见见面就行，以后再逐步引导，提高要求。对于"人来疯"的孩子，父母应先让他离开大家一会儿，等其冷静下来后，再让他和大家在一起。切忌在客人面前大声训斥和指责孩子，以免伤害孩子的自尊心。

6. 评价孩子在客人面前的表现

客人走后，要及时评价孩子的表现，肯定好的地方，指出不足的地方，并要求孩子今后改正，使孩子接待客人的能力逐步提高。例如，以前孩子会表现出"人来疯"，可是今天很懂事，父母就应及时表扬他的进步，并要求以后客人来时要和今天的表现一样。让孩子在陌生人面前表现出落落大方，对人有礼貌是每一位家长的共同愿望。但在现实生活中，孩子因害羞而不愿意主动跟他人打招呼、进行交往的表现，只要不过分，也是很正常的。作为家长要求他"有礼貌"，但这种"礼貌"在孩子看来有时是难以理解的。越是强求，他越反感。培养孩子有礼貌，有效的手段不在于督促孩子"叫人"，而在于平日里家长的态度是否做到尊重、平等、有礼，通过点滴的以身作则来影响孩子。

如何教孩子与父母沟通

李伟的父母都是高级知识分子，爱子心切，花了数万元把李伟从一所普通中学转到了市重点中学。在他的父母为他选定的重点中学中，因为跟不上学习进度，李伟的成绩一直处于及格边缘，他的情绪也因此很低落，每天过着无精打采的日子。有一天，刚回到家中，李伟的父亲就把他大骂了一顿，因为老师刚刚打过电话来，说李伟的物理考试不及格，通知家长去学校商量一下提高成绩的办法。面对父亲的责骂，李伟委屈极了！李伟扔下书包，就跑下楼去，在街心公园痛哭起来。从这以后，李伟更沉默了，什么话也不和父母说。李伟的父母开始着急起来，甚至给李伟找了一个心理医生，但收效甚微。

李伟的情况在现实生活当中并不特殊，之所以有这样的结果，很大一部分原因是孩子与父母缺乏良好的沟通。

天津市杨村一中的心理辅导教师周余波曾对本市初高中阶段的 528 名在校生进行了一次问卷调查，调查中显示，只有 9.85% 的学生选择了"当你有烦恼时，找父母谈心"这一栏，而且大部分是女生。这就说明了中学生在心理上对父母产生了距离和不信任感。"知子莫如父"这一传统观念正在受到挑战。

那么，孩子为什么有话不愿同父母讲，为什么不愿向父母敞开心扉呢？孩子的心里话对谁说呢？

　　林静在电台工作。近段时间，她以知心姐姐的身份主持了"中学生热线电话"节目。每逢周六热线通话时间，桌上的电话铃声不断，"耳"不暇接。来电话的中学生朋友所谈的话题牵涉到许多方面，从作业负担到早恋苦恼，从升学困惑到人生思考。耐人寻味的是，这些中学生在一吐，心曲之余，往往要拖一个尾巴："我这些心里话，只想让你知道，对父母和老师都是不说的。"

　　电台专辟"热线电话"节目为中学生释疑解惑，无疑是一件好事。不过，再仔细想想，来电话的中学生的心底秘密，在父母和教师这些尊者面前"讳莫如深"，对从未谋面的电台人员，却肯"和盘托出"，这是为什么？"热线电话"能获得中学生信任的秘诀之一，便是他们与中学生通话时，并不是简单地提供"标准答卷"，而是更注重于和学生做思想上的交流、探讨与沟通。

　　当代心理学的一个重要分支——行为心理学的研究表明，正处于趋向成熟期的青少年，一是由于逐渐形成强烈独立意识，因此往往不愿他人给以现成的生活指南；二是他们的内心又对各种事物有诸多"不确定感"，因此迫切需要从别人那里获得认同和了解。而在日常现实生活中，我们有些父母和教师恰恰无视这两个心理特征。当他们偶尔知道孩子心里有什么隐衷时，或是漠然置之，而更多的则是"一本正经"的面孔，给孩子以"应该怎样做""不应该怎样做"的训词。这种居高临下的架势，又怎能谈得上与孩子相互沟通感情呢？久而久之，孩子感到，你这位尊者可敬而不可亲，也就不肯对你说"悄悄话"了。

　　处于青春期的中学生，总有需要宣泄的感情，总有需要表露的心里话。我们为父母者、为师长者如果不去关怀他们的这种心迹，一味放任自流，固然"热线电话"等社会咨询机构能分担一部分工作，但有些孩子也可能去找社会上的一些"哥儿们"倾诉心里话。如果由此让一些"歪门邪道"拐骗了孩子，岂不误了大事？

带锁的日记本在商店的文具柜台上随处可见，它们装帧精美，只不过，和其他的日记本不同的是，一把小锁可以把本子锁起来。售货员说："这是热门货，孩子们来买的很多。"日记本要锁起来，很有意思。这使我想到一些中学生前来心理咨询时的谈话：爸妈有时偷看我的日记，我放在一个小箱子里，也给翻出来，还随便拆看同学的来信，真气人。你说怎么办？

这使我又想到天津杨村一中的调查问卷，你有了愉快或不愉快的事喜欢跟谁诉说？可供选择的诉说对象为父亲、母亲、老师、同学。结果是，选择诉说对象最多的是同学，占81%。所以孩子们喜欢带锁的日记本，原来是对付大人的，是为了向大人们封锁自己的心，这简直让父母感到残酷，感到害怕，感到痛苦不堪。可是，我们做父母的人知道吗？你的孩子由幼稚走向成熟，由依赖走向独立，心中会逐渐有一些秘密，会有些不再愿意告诉大人的东西，这是他们长大的标志。由于时代的发展，孩子这种独立意识更为强烈。对此，我们也该拍手叫好。然而，我们不少为人父母者总是不那么乐意接受孩子的独立意识，总是想把孩子庇护在自己的羽翼下，于是，就不讲方式地总想去"刺探"孩子心中的秘密。如此招来的只能是孩子的反感，孩子们就加倍地来守护自己的秘密。于是，带锁的日记本便成了最佳选择。

看来，造成孩子和家长之间的距离和不信任的原因是多方面的，除了中学生强烈的"心理断乳"外，缺少科学的家庭教育观念和传统的家长专制作风也是另外的一个重要原因。

通过调查分析，在能主动和父母沟通交流的学生中，大部分学生成绩优良，心理发育健康。自杀、离家出走、早恋等事件和现象往往发生在那些不与父母沟通交流的学生身上。孩子上小学时，有些家长还不屑于和孩子沟通交流，而到了中学阶段，他们却一下子感觉到他们和子女之间的距离不断拉大，有的家长甚至一点点地退缩到只能管理孩子的生活起居的狭隘空间里。

还有相当一部分家长属于传统压制型和现代溺爱型的混合体，他们很难与子女建立对等的、朋友式的关系，这样的家长对孩子的教育十有八九是失败的。

青少年时期是人生中的"暴风骤雨"时期，在对待孩子的教育问题上，只有了解孩子的内心世界，家长才能有的放矢，对症下药。

那么，我们家长该怎么办呢？

一是理解。对孩子由独立意识而导致的闭锁心理，首先得有个科学的态度。我们不妨来个心理换位，回想一下自己孩子时代的生活，并以此来体察孩子们的心。如此，您对上面的"为什么"就会有更深切的理解。有了对孩子的理解，"头痛"就消除了一半。

二是沟通。我们不要以为孩子是自己身上的肉，可以任我骂来由我打，不要以为自己多吃了一些年的咸盐，就可以居高临下地对待孩子，仿佛真理总在自己手中。对孩子要多来点民主和平等，努力成为孩子们的知心朋友。有关专家指出，民主型的家庭氛围、朋友式的合作关系是消除"代沟"、实现两代人交流的前提。只有这样，你才可以跟孩子有较多的沟通，才会促使孩子对大人敞开心扉。

三是尊重。尽管我们做了最大的努力，也不该奢望孩子什么都跟我们讲。孩子作为人格独立的人，他们心中应该有一块大人不必涉足的天地，应该有一些属于自己的秘密。对此，我们只有尊重，做孩子的指导者、协商者，而不是命令者，这样一来，我们也就用不着"头疼"了。

多培养孩子与同学沟通的能力

程东林从小有个志愿：做一个演说家。在他的心目中，会演讲的人都是他的偶像。奥巴马竞选时，每一场演讲他都会第一时间找来听，有些经典片段，他都能背诵了。程东林还收集了一些光碟，都是成功激励大师的演讲。

在他看来，这些人，能够成功鼓动人、说服人，是因为掌握了一定的技巧。

妈妈知道他的爱好后，也非常支持他。母子俩常去书店，看到好的书，无论是理论的，还是实战的，都买回来。程东林不仅看，还积极去实践，也是个小演说家了。班上竞选班委，他一上台，总能博得喝彩。大家都喜欢听他演讲，觉得很有感召力。

常有人向他请教演讲技巧，程东林把自己总结的经验都无私传授给了别人。妈妈常鼓励他，也帮他总结经验，使程东林越来越有信心了。

程东林不仅演讲能力非常棒，而且他在与人交往的过程中，也非常善于讲话，总能将话讲到对方的心里去，让人听了很舒服。他的讲话能力对他处理好人际关系有非常大的帮助，这使得他有很好的人缘。

在孩子的成长过程中，善于沟通这项技能让其受益最多。孩子要想办成一件事，就不得不去沟通。如何高效简洁地传递信息，如何迅速感染、说服他人，需要各种交际技巧。

如今的社会，是一个信息量多并能快速传播的社会。个人不善于交际，不能迅速、清楚地传达个人的意愿，就很容易被淹没。一个成功的人，必是一个善于传播信息的人，也就是具备一定交际能力的人。

父母都希望有一个优秀的孩子。父母也应该明白，善于交流沟通，是整个时代的需求。孩子要想立足于社会，就得尽快培养交际技能，才能充分展示个人价值。再好的金子，不能展示自己，也终将在信息海洋中被埋没。

任何一种技能，都是在理念指导下不断实践获取的，交际技能同样如此。理论和实践二者缺一不可。父母要认识到这一点，给孩子最好的指引。

1. 支持孩子吸取理论知识

人际交往是一门学问，有大量的理论和实践书籍报刊等，孩子要提升人际交往技能，可以向书籍请教。父母可以给孩子列一个书目，让他先补足理论课。父母先要了解，人为什么要交流，如何交流，这些理论知识有了，才能高效地指导孩子实际的交流活动。

要让孩子学习交际理论知识，就要多读演讲大师的书籍，看大师们的演讲光碟，父母应从物质上支持。把人际交往当成一门学问来学，孩子才能成就显著。如果只是出于一时爱好，不注重基础的理论，这样的人际技巧只是皮毛，让孩子难以有长远的进步。

2. 鼓励孩子参与社会交际活动

有了理论做基础，还要让孩子增加实战经验。学校里、社会上，常常会有这种实战机会，如班委选举、学生会选举、义务活动的宣传等。这些活动都是磨炼交际技能的战场。

学校要组织一次"环保一日行"的活动，赵军回家跟妈妈说他想参加，妈妈马上大力支持。妈妈说："要钱要东西，你尽管说。"赵军说除了生活费，还需要妈妈帮忙借自行车。赵军想组织一个小团队，骑自行车，挂旗帜进行跨城宣传。

第二天赵军就忙开了。义务报名的同学，被编成了两个分队，赵军组织大家一起商讨路线，女生负责制作旗帜、写标语等。赵军经常组织各种活动，被推选为此次活动的队长。赵军热衷于这类有意义的社会活动，由于在活动中会有许多与人交流的机会，所以也使他轻松掌握了人际沟通的技巧。

孩子的交际技能，需要在大量交际活动中历练。学校里、社会上，只要有这种活动，父母都要鼓励孩子积极参与。在这些活动中，如何协调人员，如何组织分配，每一个环节都离不开交际。孩子多历练，这种技巧才会越来越熟练。

3. 给孩子制造演示舞台

学校或社会的活动机会，也是有限的。孩子的交际技能，需要大量的活动来磨炼。对此，父母也可创设场景，给孩子制造锻炼机会。例如，常举办家庭联谊会，让孩子来安排；家里常请客人来玩，请孩子来接待；常请小朋友来玩，让孩子合作；常组织社区游戏，让孩子参与等。

程小莱有些胆小，遇人不爱说话。妈妈知道，是孩子的生活环境太封闭了，与人交流的机会太少。妈妈开始留心，小区有哪些孩子和他同龄，有机会妈妈就主动和他们联系，帮小莱结交朋友。一段时间以后，小莱家里常有小朋友来拜访。

周末到了，妈妈约上几家人，一起带孩子去广场做游戏。无论是玩球，还是玩车，小孩子在一起，总是特别高兴。有了同龄人的陪伴，小莱也变得活跃多了。走在路上，见到熟人了，小莱还会高兴地和大家打招呼。

有些孩子不善于交流，不喜欢交流，这种现象，与孩子的居住环境有关系，与父母太忙也有关系。父母要锻炼孩子的交际能力，就得让他多与同龄人交往。方法总是有的，只要父母多费点心，就能创设出许多场景，让孩子得到锻炼。

4. 鼓励孩子向高手请教

年龄较大的孩子，要想提高自己的交际技巧，不妨向高手请教。孩子的朋友、同学中，有谁人缘好，有谁会演讲，都可以去请教。孩子自己也能观察、总结一下他人的经验是什么。

生活中，如果孩子对这类高手流露出羡慕之情，父母可及时鼓励他，让孩子大胆去向高手请教。这些高手的交际技巧更通俗，更自然，也更容易学。孩子要提高自己的水平，一定不要忽略这一学习途径，多观察揣摩，就能学到不少技巧。

如何让孩子学会和老师相处

小敏的学习成绩一直不错，但是初二开了物理课后，她发现自己对物理根本不感兴趣。有一天，在物理课上，老师叫她回答问题，小敏没有回答上来，老师很严厉地批评了她，说她没有好好复习。小敏很委屈，觉得这个老师太严厉，而且在同学面前使她丢了面子。回家以后，和妈妈说："我讨厌我们的物理老师！"说完就伤心大哭。妈妈看到小敏那么伤心，就说："明天我去找找你们班主任，让他和你们物理老师谈谈。实在不行，咱们就请一个家教。"小敏害怕这件事会给自己带来负面影响，拉着妈妈不让妈妈去。但从此以后，小敏对物理老师是敬而远之，对物理更是一点学习兴趣也没有，物理成绩越来越下降，成为物理老师头疼的学生。

孩子不断成长，需要处理形形色色的人际关系：同伴关系、师生关系等，而父母看到孩子在关系中受到委屈时不禁想要为孩子"伸张正义",但是社会是现实的,父母也不可能一直陪伴着孩子,所以应当允许孩子有机会接触生活的各种侧面并教会他们如何对付,而不是将他们与真实隔离开来,用父母的希望来操纵现实。与社会现实相通的最关键的方面就是让孩子自己与他人打交道,父母适当地给予正确指导,帮助他们学习处理各种关系的能力。

青春期的孩子,特别在乎自己在同伴心目中的形象,像小敏这样的孩子所处的阶段有一种奇特的现象——"假想观众",她会感觉自己的一言一行好像都在舞台上表演,而周围的人都是她的观众,所以当众受到老师的批评会使她很羞惭,尤其是一个一贯学习成绩不错的女孩子。另外,小敏的物理薄弱,而对物理老师的逆反,使她有借口逃避困难。而父母的干预——找班主任谈,请家教,只能助长她对物理老师的反抗,使她更理直气壮地不好好学习物理,因此成绩越来越差。

那么,怎样才能让孩子与老师正常交流呢?

1. 尊重孩子,让孩子发表对学校和老师的看法

当孩子与老师有矛盾时,父母首先要以一种温和的态度与孩子交谈,不要制造压力,而要让孩子在宽松、自由的氛围中发泄对老师的不满,这种发泄还可以起到一种平衡心理的作用。父母提供一双耳朵,认真地倾听,孩子会感觉到自己的烦恼得到了尊重,就会毫不隐瞒地把自己的态度、抵触老师的原因讲出来。父母等孩子的情绪稳定下来之后,与孩子一起冷静地分析事情的利弊,客观地看待抵触情绪。如果问题的主要原因在孩子,就要合

理利用孩子争强好胜的心理，因势利导，帮助孩子认识到自己的错误，提高孩子认识自己缺点的能力。

2. 让孩子学会从老师的角度思考一下问题

作为父母，切忌让孩子无条件地服从老师，这样只会加剧孩子对老师的反抗。有的父母仅仅站在孩子的角度思考问题，过分溺爱孩子，甚至与孩子一起指责老师，更甚者跑到学校里与老师大吵一番，其结果只可能更糟。孩子的认识有时候有偏激的一面，很容易以自我为中心，仅站在自己的角度看问题。在这点上，父母要学会培养孩子的同情心，有的时候也应该换位思考，与孩子一起站在老师的角度重新审视，必要时还可以创造场景以体会老师的情绪和难处，让孩子学会多体谅别人，为他人着想。这样的话，在家中就可以改善孩子和老师的关系，减轻孩子对老师的抵触情绪。教孩子学会尊重老师的同时，还要鼓励孩子有想法，善于提问题，因此，教给孩子一些提意见的策略和技巧也是必不可少的。

3. 与学校、老师进行沟通，积极配合老师教育好孩子

有一些孩子，在学校里与在家中的表现迥异。在家里非常勤快，又懂事又听话，是一个很乖的孩子，可一到学校，就情绪低落，不爱学习，表现糟糕，经常受到老师的批评，也经常顶撞老师。家庭与学校教育方式的差异导致了孩子的这种性格反差极大的表现。在这时候，父母要主动地、心平气和地与老师沟通，向老师提供孩子在家的一些日常表现状况，让老师也了解孩子行为

表现的另一侧面，对孩子的行为有一个全面的评价。父母要与老师一起分析双方在教育孩子的方式上存在的差异，求同存异，给孩子一个恰当的教育价值观，不至于让孩子无所适从。

4. 教育孩子尊敬老师

柴可夫说："教师毫无保留地献出自己的精力、才能和知识，以便自己在对学生的教学和教育上，在他们精神成长上取得好的成果。"教师甘做人梯，这种奉献精神是伟大的。每个孩子的成长和每一次进步，都凝聚着老师的汗水和心血。特别是特殊学校里的聋哑学生，他们的每一个手势，发出的每一个音节，无不浸透着老师的心血和艰辛。所以孩子应该尊敬老师，爱戴自己的老师。

5. 教育孩子以主动、热情、诚恳的态度与老师交往

一位教师要面对许多孩子，有时可能应接不暇，因此难免对孩子照顾不周，体察不到某个孩子想与老师沟通的需要。如果孩子主动向老师"进攻"，把埋在心里头的事情坦露出来，有困难向老师求助，学习上遇到难题向老师请教，主动与老师探讨人生哲理……是能够得到老师的帮助、理解和信任的。切记，千万要争取主动，别错过与老师交谈、探讨和向老师请教的机会！这样孩子才能真正与老师交朋友，才能进步得更快，并且迅速成熟起来。

6. 教育孩子要以正确的态度接受教师善意的批评

现在，有些孩子对老师的批评感到反感，甚至有抵触情绪。

他们认为老师管得太严，态度苛刻，觉得在学校不自由。严，正是老师爱孩子的表现。没有哪位老师不爱自己的学生，也没有哪位老师不希望自己的学生成才的。老师要在尊重学生、爱护学生的基础上，通过严格的方法和手段，培养学生一丝不苟的治学精神和实事求是的科学态度，培养学生良好的思想品德和文明的行为习惯，这是教书育人的需要。不严，何以能治学？不严，何以能育才？我们应该教育孩子理解老师的苦心，正确对待老师的批评，诚恳接受老师的指导和严格要求，从而确立良好的师生关系。

当然，与教师建立良好的交往关系，在于师生双方的共同努力。从家长的角度出发，应该正确教育孩子要打开心灵之门，要用尊重、热情、真诚、理解和爱去架设沟通师生心灵的桥梁。

第六章

优秀父母会让孩子养成好习惯，做事有能力

阳光未来丛书

好孩子三分爱七分教

YANGGUANG WEILAI CONGSHU

HAOHAIZI SANFENAI QIFENJIAO

多多对孩子进行诚信教育

孩子是否诚实守信，在很大程度上取决于父母的教育。对于孩子经常出现的不诚信行为，父母应该多从孩子的认识发展上找原因，千万不要把孩子的这种行为看成是道德败坏，进而打骂孩子。

本杰明·鲁迪亚德曾经说过："没有谁必须要成为富人或成为伟人，也没有谁必须要成为一个聪明的人，但是，每一个人必须要做一个诚实的人。"

诚信是人性一切优点的基础，这种品质比其他任何品质更能赢得尊重和尊敬，更能取信于人。诚信是立身之本，是一个人最宝贵的财产，它能让孩子保持正直、挺直脊梁、光明磊落地做人，还能给孩子以力量和耐力。

每个父母都希望自己的孩子具有诚信的习惯，不喜欢孩子撒谎。孩子是否诚实守信，在很大程度上也取决于父母的教育。对于孩子经常出现言行不一、不履行诺言的行为，父母应该多从孩子的认识发展上来找原因，不要把孩子的这种行为看成是道德败坏而打骂孩子。如果父母从小就注意对孩子进行诚信教育，孩子是可以养成诚信的习惯的。

那么，应该怎样来培养孩子诚信的习惯呢？

1. 对孩子进行诚信品质的教育

诚信是人的立身之本，父母应该加强对孩子进行诚信品质的教育，从小就教育孩子守信用、负责任。告诉孩子，一个言而无信的人，是没有人愿意与他合作的。

父母进行诚信品质教育需要借助实例，以故事的形式讲给孩子听，让孩子明白，诚信对一个人来说是非常重要的，不诚信会带来什么恶果，诚信会有什么收获。

在美国华盛顿州塔科马市，10岁的汉森正与小朋友在家门口的空地上玩棒球。一不小心，汉森将球掷到了邻居的汽车上，车窗玻璃被打坏了。

见闯了祸，其他小朋友都吓得逃回了家。汉森呆呆地站立了一会儿，决定亲自登门承认错误。刚搬来的邻居原谅了汉森，但还是将这件事告诉了汉森的父母。当晚，汉森向父亲表示，他愿意用替人送报纸储蓄起来的钱赔偿邻居的损失。

第二天，汉森在父亲的陪同下，又一次去敲邻居家的门，表示自己愿意赔偿。邻居听了汉森的话，笑着说："好吧，你如此诚信，又愿意承担责任，我不但不要你赔偿，还乐意将这辆汽车送给你作为奖赏，反正这辆汽车我也打算弃掉了。"

由于汉森年纪还小，不能开车，所以这辆汽车暂时由他父亲保管着。不过，汉森已经请人修理好了车窗，经常给车子洗尘打蜡，就像是宝贝一样。他经常倚在那辆1978年出厂的福特"野马"名车旁边说："我恨不得快快长大，好驾驶这辆汽车。我至今仍然不敢相信它是我的。"汉森还说："经过这个事件，我更懂得诚信是可贵的。我以后都会诚信待人。"

由此可见，诚信自有它的报偿。孩子付出了诚信，他自然会收获信赖。相反，如果孩子付出的是虚伪，那么总有一天他也会受到别人的欺骗。

当然，诚信品质的教育必须从小时候培养，坚持不懈。父母应该教导孩子从小就做一个诚信的人，要始终如一地要求孩子，教导孩子出现缺点和错误时要勇敢承认，接受批评，绝不隐瞒。针对社会上那种坑蒙拐骗的行为，父母要态度鲜明地进行批判，要让孩子坚信，这种弄虚作假的行为是必将受到惩罚的。只有这样，孩子长大以后才能成为一个光明磊落的人。

2. 满足孩子合理的需要

孩子不诚信的行为大部分是出于某种需要，如果孩子合理的精神需要、物质需要没有得到满足，他必然会寻求满足需要的办法，如果父母对这种合理需要过分抑制，孩子就会换种方式，以某种不诚信的行为来满足自己的需要。因此，父母应该认真分析孩子的需要，尽量满足其合理的部分。

要分析孩子的需要，父母应该认真倾听孩子的心里话，而不要以成人的想法揣测孩子的心理。当孩子向父母讲述了他的需要以后，父母应该跟孩子一起分析哪些是合理的，哪些是不合理的；哪些是现在可以满足的，哪些是将来才能满足的。然后及时满足孩子合理的需要，对不必当时就满足的需要可以留到以后慢慢满足；对于不合理的需要，则要跟孩子讲明道理。如果父母不善于判断孩子的需要是否合理，可以请教老师或其他的父母，也可以阅读相关的书籍，避免盲目行动，给孩子"可乘之机"。

如果孩子出现了言行不一致的行为，父母一定要及时指出来，严肃地向孩子讲明道理，并督促孩子认真履行自己的承诺。同时，父母还可以讲讲信义在人际交往中的作用，让孩子懂得履行自己的诺言是多么重要。千万不要觉得孩子还小，或者觉得事情无关紧要就放纵他们的缺点，这样，孩子会不断强化不良的行为，从而形成不良的品格，进而影响他的人生。

3. 相信孩子

我们经常会看到这样的父母：他们要求孩子吃完饭在房间里学习半小时，结果却每隔五分钟进去看一下孩子是否在偷懒；他们要求孩子去买件东西，也总担心孩子把多余的钱买零食吃。

父母们的这些行为，往往导致孩子用撒谎来对抗，而父母们却认为自己的怀疑是有根据的，这就更加滋长了孩子的不诚信。

4. 父母要敢于承认错误

在现实生活中，许多父母都有可能不自觉地对孩子讲一些不诚实的话，或者讲过的话没有兑现。这时候，父母一定要放下架子，以平等的身份向孩子承认错误，以求赢得孩子的信任。

妈妈曾经给森森讲过一个撒谎后鼻子会变长的故事，森森对此深信不疑。

有一天，森森在学校里又听到了这个故事，于是回家跟妈妈说："妈妈，以后我不会撒谎的，撒谎的人鼻子会变长的。你们也不要撒谎啊，要不也会长出长鼻子的。"这时，妈妈觉得有必要给森森讲讲关于故事情节真实性的问题。

妈妈对森森说："孩子，其实这只是一个童话故事。在现实生活中，一个人说谎是不会长出长鼻子的，只会受到良心的谴责。"

森森有点迷惑了："那我们是不是就可以说谎了?"

"当然不是。"妈妈回答，"一个人应该说实话，他说了谎话就会失去朋友，这比长长鼻子还要可怕。

年幼的森森这才真正明白，童话故事是虚构的，但它并不是不诚实的表现，而是以另一种方式劝人们要讲真话。

培养孩子的动手动脑能力

教导孩子动手"操作"是一件很复杂的事。如果没有适当的教导，孩子的操作便会乱七八糟，而这类杂乱无章的动手操作正是孩子的特征；如果父母能对其加以指导，使其动作具有明确的目的性，这样孩子便会静下心来，成为一个真正的动手操作者。

"孩子的智慧在手指上"，换句话说就是，要开发孩子的智力，最简单高效的方法就是让孩子多运动自己的双手。特别是幼儿时期，孩子的大脑发育很快，双手动作灵活，这时多动手更能促进头部机能的发展，使大脑变得更聪颖。世界上有许多奇思妙想，都是通过手变成现实的：劳动的手创造了世界，也造就了人类。

所以说，培养孩子从小动手操作的好习惯是非常重要的。

实践也证明，许多成功人士所取得的成果，也都是通过无数次动手操作才取得成功的。

诺贝尔，世界杰出的科学家、发明家和企业家，17 岁时赴外国学习和参观，学习机械、化学等知识，回到瑞典后从事硝化甘油的研究工作。之后一直从事炸药的研究、制造、生产、销售工作，同时也涉及其他的科学领域。

在诺贝尔的一生中，他的父亲对他的影响最大。他的父亲是一个"发明狂"。在父亲的影响下，诺贝尔对炸药产生了浓厚的兴趣。

有一次父亲带诺贝尔去参观自己的火药工厂。诺贝尔接触到了许多使他感到新奇的事物。此后，诺贝尔就更加勤奋地阅读各种书籍，尤其是有关科学研究的基本原则，有关机械、物理、化学方面的书，好让自己快一点明白父亲所说的那些陌生的东西。他在父亲的书架上，找出化学读本，翻看制造火药的方法。当他发现火药就是用硝石、木炭和硫黄混合制成的时候，兴奋不已，并准备亲自尝试火药的威力。

备齐了原料，他便在药品库中找到装硝酸钾的瓶子，并把里面的白色粉末倒在小袋子中，拿回家后立刻关起房门开始做实验。经过一次次改进，他终于找出了一种最佳的混合比例，使火药的威力显著增强。在实验中他不断总结经验，还发现一个有关炸药的基本原理：把火药包扎得越紧，爆炸的强度就越大。

就这样，诺贝尔从游戏中以及不断的实践中完成了一个突破，为他以后从事炸药事业跨出了重要的第一步。这一步来自于他对自然的好奇，来自于他对书本的钻研，来自于他对危险的无畏，最重要的是来自于他反复的实践操作。可以说，是"手"为创造力提供了一套"有思想的工具"。

培养孩子善于操作的好习惯，是为了使孩子的身心头脑更协调，这也是家庭教育工作的关键和指南。著名教育家蒙台梭利指出：自由就是动作，动作是生活的基础，动作练习具有发展智力的作用；教导孩子动手"操作"是一件很复杂的事，如果没有适当的教导，他们的操作便会乱七八糟，而这类杂乱无章的动手操作正是孩子的特征；如果父母教他们动手操作，使其动作有明确的目的性，孩子便会静下心来成为一个真正的动手操作者。

手是伟大的，父母培养孩子从小动手操作的好习惯，相当于给孩子埋下了一颗"长青果"，至于如何培养孩子从小动手操作的好习惯，我们建议父母从以下几点入手：

1. 让兴趣引导孩子勤动手

孩子对身边的一切新鲜事物都有着很强的好奇心，这是由人的本性所决定的。孩子会认为帮助父母是一件很光荣的事，父母应趁此机会让孩子勤动手，并引导其成为一种习惯。

孩子常常会摆出"小大人"的样子，说"我自己来，我会""妈妈放手，我能"等言语。在这种情况下，父母应该放手，让孩子自己来。

在生活中，父母可以用一些废弃物品与孩子共同动手制作工艺品，比如用蛋壳制作人头像或用泡沫雕刻一些形状简单的东西。这样一方面能让孩子从小认识到双手的魅力，并让其懂得生活中有很多废弃物是可以利用开发、变废为宝的。更重要的是，"成就感"可以增强孩子动手的兴趣。

平时要多买一些手工制作图片或书籍，让孩子从中展开制作的想象力，并逐步培养自己动手制作的兴趣。多让孩子做一些动手的游戏，像折纸、剪纸、粘贴、组装玩具等，多为孩子提供动手的机会。

2. 鼓励动手，增强孩子的信心

称赞是鼓励孩子、增强孩子信心再合适不过的一种激励方式。

当孩子做出一些"小成绩"的时候，你不要忘记告诉孩子，他们是多么的优秀；当孩子帮你做了某一件"小事情"的时候，切不可忘记告诉孩子，你是多么感激他们对你的帮助。这种真诚的感谢会令孩子更积极、更认真、更负责地做一个自信、热爱劳动的好孩子。

不要让孩子失去动手的机会。有时父母会因为孩子动作太慢、太笨，而代替孩子去做。这样容易使孩子养成依赖心理，产生很大的惰性。不要强迫孩子做其不愿意做的事，或者其力所不能及的事，希望孩子做的，一定是孩子能够完成的，否则会挫伤孩子的信心与勇气。因为父母一个否定的眼神或一声消极的语气，都对孩子有极大的"摧毁力"；相反家长一个赞赏的表情或一句激励的话语，又有着使孩子充满自信并取得成功的力量。

3. 手脑结合开发孩子的智力

孩子的动手能力是对大脑发育最好的刺激。孩子三岁前，父母应该教孩子握笔、写字、做手工、拿筷子等，动手的同时就将新的刺激源源不断地输入大脑。脑的使用度愈频繁，其成熟度就会愈高。

脑越用越灵，手越用越巧。因此，父母应该安排孩子做一些必要的家务活。例如，起床后自己叠被、扫地、擦桌子、饭后洗碗、刷锅、购买小件物品等。这些应当要求孩子主动来做，这对孩子能力和责任心的培养都有极大的好处。

父母可以帮助孩子做一些简单的小实验，让孩子在动手的过程中开发智力，体验成功的快乐，使孩子的思想及时地由被动操作向主动实践转换，从而养成手脑并用的好习惯。

多去培养孩子持之以恒的习惯

培养孩子具有恒心的方法有很多，如参加体育锻炼、读书自律等。父母要根据自己孩子的意志特点，有针对性地培养训练，刚柔相济。但根本之点在于启发孩子的自我需求，让其主动养成持之以恒的好习惯。

持之以恒是一个主观能动的心理过程。具体来说就是，人在自觉地确定目标之后，能够根据目标来支配、调节自己的行动，坚持不懈，克服种种困难，最终实现目标。

其实，一个人要想生存就得不断积累经验，让自己无休止地自我创新。而无论是经验还是无休止的创新，都需要持之以恒的毅力。毅力不是瞬息而就，说有就能有的东西，它的形成需要一个过程。它的形成应该在家里，而不仅仅是学校。持之以恒的毅力对于孩子的意义是不言而喻的，但它恰恰又是孩子容易缺乏的。

"千里之行，始于足下；九层高台，起于垒土"。凡事业上有所作为的攀登者，无不是从小事做起，锤炼自己的意志。

一个孩子，如果连自己的学习用品都丢三落四的，怎么能保证演算习题时不粗枝大叶呢？所以父母培养孩子的意志要持之以恒地从小事抓起，决不姑息迁就，要一抓到底。

曾有学生问大哲学家苏格拉底，怎样才能修学到他那样博大精深的学问？苏格拉底听了并未直接作答，只是说："今天我们只学一件最简单、也是最容易的事，每个人把胳膊尽量往后甩，再尽量往前甩。"苏格拉底示范了一遍，说，"从今天起，每天做300下，大家能做到吗？"

学生们都笑了，这么简单的事有什么做不到的？

过了一个月，苏格拉底问学生们："哪些同学坚持了？"有九成同学骄傲地举起了手。

一年过后，苏格拉底再一次问大家："请告诉我，最简单的甩手动作，还有哪几个同学坚持了？"这时，只有一人举起了手，这个学生就是后来成为古希腊另一位大哲学家的柏拉图。

人人都渴望成功，人人都想得到成功的秘诀。然而，人们常常忽略这样一个道理：即使最简单、最容易的事，如果不能坚持下去，也绝对不可能打开成功之门。成功并没有秘诀，但坚持是它的过程。

培养孩子的恒心应从小事做起，不断进行训练。一个人的意志是否坚强，可以从他的意志行为中得到体现。在成长的过程中，独生子女缺乏恒心与毅力的现象比较普遍，这在很大程度上会影响孩子的学业、交往、品德及心理健康。很多时候，成功与失败往往就取决于一个人能否坚持到最后一刻。

培养孩子持之以恒的习惯的方法有很多，在此择要介绍几种：

1. 用兴趣引导孩子持之以恒的决心

兴趣是孩子高效率把事情做好的前提。在现实生活中，并不是对必须去做的每件事，孩子都一定感兴趣，但是孩子对自己感兴趣的事，都有着明显的自觉性、持久性等高效率特点，而对于自己不感兴趣的事则往往需要父母的约束与督促。为了使孩子提高做事效率，父母应该引导孩子对事物产生兴趣。

很多上学的孩子比较喜欢的口头禅是"郁闷"或者"烦"。事实上，学习本身的确没有多少乐趣可言。然而父母并不这么认为，他们一厢情愿地认为学习是最有意义的事情，并且一味地强迫孩子对学习产生"兴趣"。孩子的学习兴趣是需要父母去加以引导的，而不能靠强迫的方法来获得。

孙欣沉溺在电脑游戏中不能自拔，虽然三番五次地向妈妈写保证书，但一点也不起作用。为了帮助孩子改掉坏习惯，妈妈采取了这样的措施：限制每天上网的时间和内容，并引导孙欣将上网与学习联系起来。结果孙欣通过上网来辅助学习，出现了一学就是半天，甚至忘记吃饭的现象，并由此对学习产生了兴趣。为达到一定的学习目标，孙欣还为自己制定了一个苛刻的学习计划表，并持之以恒，最终实现了这个目标。

2. 让强烈的欲望与责任感激发孩子的行动

无论做什么事，仅有明确的目标是不够的，还必须有实现目标的强烈欲望与社会责任感。例如登泰山是很多人的强烈欲望，从山麓的红门到山巅的玉皇顶有七千多级台阶，而且越上越陡，到十八盘，每盘两百级，几乎是直上直下，每登一级都要付出极大的努力。对于一般的游客来说，如果体力不支，中途而返也无可非议，因为没有社会责任和义务。但对于挑夫来说就不一样了，从中天门出发肩挑 120 斤砂石、水泥等重物，一天上下两个来回，支撑他们从事这种艰苦工作的力量是恒心，是所承担的社会和家庭责任。

许多孩子不能攀登成功的顶峰，并非没有目标，而是缺乏由强烈欲望和责任感所激发的意志行动。

3. 适度创设困难磨炼孩子的意志

逆境、困境能铸造一个人顽强不息的意志品质，中外历史上不乏这样的事例。现在大多数孩子养尊处优，稍遇逆境，其决心就动摇。在他们小时候，如果父母能人为、适度地给他们创设困难，让他们接受强大心理承受能力的锻炼，那么有朝一日他们面对逆境和困难的考验时，就能经受住锤打。

1999 年，18 岁的成都女孩刘亦婷被美国哈佛大学、哥伦比亚大学等四所世界一流高等学府录取，还获得全额奖学金，成功的背后蕴藏着艰辛。刘亦婷 10 岁上四年级时，父亲给她设计了一个奇特的"忍耐力训练"：捏冰一刻钟。刘亦婷捏的是冰箱里特意冻得结结实实的一大块冰，父亲手拿秒表，一声"开始"，刘亦婷就把冰放到手里。

第一分钟感觉还可以；第二分钟，就觉得刺骨的疼痛，她急忙拿起一个药瓶看上面的说明，转移注意力；到第三分钟，骨头疼得钻心，她就用大声读书的方法来克服；到了第四分钟，她感到骨头都要被冰冻僵了，这时她使劲咬住嘴唇，让疼痛转移到嘴上，心里想着：忍住、忍住；第五分钟，她的手变青了，也不那么疼了；第六分钟，手只有一点痛了；第七分钟，手不痛了，只觉得冰冰的，有些麻木；第八分钟，她的手完全麻木了……当爸爸说："15 分钟到了！"她高兴得欢呼起来。而她的手却变成了紫红色，摸什么都觉得很烫。爸爸急忙拧开自来水水龙头给她冲手。此时此刻，作为父亲，为女儿有这么顽强的意志力而由衷地高兴。

手捏冰块的自我折磨，这是对感受极限的挑战，是对毅力的考验。一些好奇的大学生都试过，可没有一个人能坚持一刻钟。由此可见，刘亦婷的成功绝非偶然。

艰苦的环境，特别是艰苦的生活环境和劳动，往往是对一个人意志最好的考验和锻炼，也最能培养人。

孟子说："天将降大任于斯人也，必先苦其心志，劳其筋骨，饿其体肤，空乏其身……"说的就是，恒心是在艰苦环境中自我锻炼出来的。所以父母给孩子创设一些困境，让孩子的心理得到锻炼，这对于培养孩子的恒心和毅力都很有必要。

4. 鼓励孩子挑战自己的弱点

急躁、懒惰、缺乏毅力、什么事都干却都难干到底……这些都是人性的弱点，也是实现人生目标、理想的巨大障碍。一个人若能有勇气挑战自己的弱点，便能逾越障碍，获得成功。

春秋时期，吴王夫差打败了越王勾践，并霸占了勾践的妻妾。越王勾践忍辱负重，十年不食珍馐，不着锦缎，每天睡石床、舔尝苦胆，在艰苦的环境里挑战自己的弱点，以图他日能复国雪耻。后来，在勾践的不懈坚持下，吴王夫差终于被打败。

诸如此类的例子很多。家长可针对孩子意志的薄弱点，选取一两个突破口，鼓励孩子挑战自我。可以说，这是为孩子铸造恒心的良方。培养孩子的恒心的方法还有很多，如：参加体育锻炼、读书自律、在集体中接受监督、严守诺言，等等。

让孩子养成做事有计划的好习惯

孩子写作业是家长头疼的一大难题，有句话说的好："不写作业，母慈子孝；一写作业，鸡飞狗跳。"

作业真的很难，做不出来还好，父母当然都可以理解；最生气的就是拖拉，很简单的一个题目，东看看、西瞅瞅、摸摸头、抠抠手，十五分钟过去了，还在一加一等于几这种题目上耗着，一晚上过去了，就做了几个题。总结起来就是一句话——也不是不会，就是想再等等，至于等什么呢，谁也不知道。

还有寒暑假作业，兴趣来了狂写一通，没兴致的时候，翻都不想翻一页。结果，马上要开学的时候才发现，作业还有好多没做完的地方，本来计划好趁假期出去转转，结果计划全部泡汤。

其实，父母担心的不仅是做作业的问题，更担心孩子养不成好习惯，懒散、做事拖拉、没有计划性，会对学习以及今后的工作生活造成影响。

事实也的确如此，社会学者和教育学专家研究发现，没有计划性的人往往具有以下问题：

1. 容易荒废青春，虚度时光

制定计划有助于我们把时间有效利用起来，而没有计划性的情况下，时间就像一盘散沙，不知道什么时候就从我们指尖溜走，留不下任何有效的信息。

2. 没有方向性，常常感到迷茫

计划的结果是我们想要达成的目标，为了这个目标奋斗让我们感觉到有价值，而没有计划性的时候，我们看似不被目标约束而自由自在，其实，反而常常感觉困惑，身心俱疲。

3. 对自己定位不清楚

常常制定计划的人，会随着实践的增加，对自己以及对自己和社会的关系有越来越深刻的认识，相反，缺乏规划的人，则因为缺乏系统的探索，而对自己没有客观稳定的认识，常常搞不清自己的真正实力，以及什么是适合自己的工作。

4. 难以获得较大的成就

缺乏计划性的人往往走一步看一步，缺乏对未来的预测与准备，既不能抓住可能的机遇，又无法规避未知的风险，下一步如何发展完全凭运气，大部分情况下都难以取得成就。

5. 难以享受闲暇时光

闲暇时光是和忙碌的时间相比较而言的，没有紧张有序的工作，就没有轻松自在的闲暇时光，工作时光需要高效率的投入和努力，闲暇时光也需要高效率尽情放松，如果一直处于懒散的状态，虽然避免了付出努力，却避免不了现实的压力以及内心的惶恐，不管是工作还是放松，其效率都很低。

缺乏计划性是怎么形成的呢？是天生的吗？其实并不是——

我认识的一个朋友，性格特别随和，很会为别人考虑，做朋友感觉非常好，但是当同事就有点郁闷了。

他的一大特点就是特别害怕考虑接下来的工作。我说："出差这事后天能定下来吗？"他说："应该不行吧，我不太确定，我想问问我家里人。"我说："那你打算什么时候确定啊？"他说："唉，我也不知道，一想起来就头疼。"

他没有时间观念。资料没弄完，一会出去接个电话，一会点个外卖，我们以为他志在必得，谁知道到了下班的时候，才做了一点点。

我说："你打算这几天怎么弄完这些资料啊？"他说："先写

着吧。"我说："你把资料页数除以天数，不就是每天的任务量了吗？"他说："不行，万一哪天不想写或者有事情怎么办？"

出门也是个麻烦事。每次和他约好了出去，他都会迟到，迟到就算了，还丢三落四的，搞得行程都在处理他的事情。

后来跟他聊天得知，小的时候，他父母很忙，但是全家很疼他这个独子，走路怕摔着，经常爷爷奶奶抱着，怕吃饭吃不饱，连哄带骗吃下和成人差不多的饭量，大学毕业之后，更是爸妈到处托关系帮他找工作。

他呢，也很孝顺自己的父母，小的时候没有什么可以做的，就尽量不给父母添乱。有时候需要全家一起出门的时候，父母也不提前告诉他，忙活完自己的东西拉起他就走，要是动作不快的话父母就会很生气。可是呢，好多时候，出了门才发现要在外面呆很久，突然想上厕所，又不敢给爸妈添乱，只能憋着，憋的难受。后来，他每次出门前什么都不干，就要在厕所里面蹲着，有没有灵感都要使劲，可是时间越紧迫他心里越紧张，越是没啥成果，越担心出门之后忽然来灵感，眼看时间不够了，才急急忙忙的冲出厕所，手忙脚乱地收拾东西。然后，又迟到了。

朋友从小就成长在被家人包办的生活里面，对自己的行程、活动没有任何的概念，更别提去规划，只要老老实实配合就好，这样父母是轻松了不少，但是孩子缺乏计划性的问题就这样埋下了种子。这就好像一个人不再是他自己的主人，他的习惯模式就是去当一个配合的人，一个不提出太多要求的人，这样的人他当然不会为自己的未来负责，甚至意识不到这种责任的存在。

我们不能为了自己方便就对待孩子，然后等他成年之后自己变得成熟，那是不可能的。父母与孩子都应该尽早意识到——你的事情是你自己的事情，你的事情不是父母的事情。

那么，如何做才能培养孩子做事有计划性的能力呢？

1. 制定计划

不论宝宝有没有上学，对于日常中的主要活动，家长都可以帮助孩子做一个规划；并且注意措辞，多使用时间作为参考，让宝宝对一天的安排有所了解，比如说，"早上十点出去玩，中午十二点回来吃饭，中间有两个小时的时间哟。"并且，全家人尽量做到作息时间规律。

2. 学会放权

也就是，尽量不要去控制孩子，这一点中国的家长尤其缺乏，其实，正是这个问题才导致中国的孩子普遍独立性差。我们一定要给孩子自己一定的空间，切莫把孩子的主动性都剥夺了。好多时候，孩子并非懒散，只是对一件事情的积极性不高，因为父母参与的太多，过问、干涉太多，成就感、乐趣、情感卷入程度就会下降。

比如，当孩子写完作业想要出去玩玩的时候，很多父母心想，这么早就写完了，不如再复习一下，加深印象，就让孩子又回去看书。还有的家长把孩子的整个作息安排的明明白白，孩子只要服从和执行就好了，可是孩子不是傀儡，他有自己的情感，这样受人摆布，他对于学习的乐趣何在？

3. 建立关联

少讲些道理，让事实说话，孩子任务没有完成的时候切莫干涉，适当地让孩子知道完成一件事情的结果，以及没有完成事情的后果，当孩子明白什么行为会导致什么结果之后，就会自觉完成属于自己的任务。

4. 支持鼓励

与孩子就他自己的规划进行沟通，对孩子的进步进行鼓励，看孩子需要哪些支持等等。

让孩子学会倾听别人说话的好习惯

我们总是很羡慕那些会说话的人。其实要做一个善于辞令的人，只有一种办法，就是学会听人家说话。

在沟通行为中，倾听占45%，交谈占30%，阅读占16%，书写占9%，由此可见，会倾听对一个人的社交活动起到近一半的作用。

"倾听"是指不仅获得信息，而且从中了解了情感，是一种主动的、积极的、有选择性的接受，不仅包括用耳朵听到的声音，还有用眼睛看到的具象。

记得在我女儿5岁的时候，有一天，我在工作中遇到了一点麻烦，回到家之后没有处理好自己的情绪，很烦躁。女儿让我陪她一起拼图板，我说："爸爸没空，你自己玩去吧。"女儿先是愣了一下，然后走到我面前，摸着我的脸说："爸爸，你是有点不开心么？"

听到这句话的一刹那，烦躁的情绪瞬间消失了，因为我感受到了被理解，并且是被 5 岁的女儿所理解，她从我拒绝的话语中，听到了我的不开心，那一刻幸福感由心而生，哪还管什么工作的麻烦啊。

女儿是如何做到能感知我内心的不快乐，并且能表达出来的？

其实就是得益于我平时对她做到了足够的"倾听"。我相信每次我倾听到她内心的声音后，她的情绪会像我一样有所转变，感受到被理解，感受到爱的力量，感受到爸爸支持，同时也学会了"倾听"别人。

倾听的练习，有三个要点：

1. 听孩子的情绪和感受如何？

2. 听孩子的目的是什么？是寻求理解，寻求关注还是寻求帮助？

3. 听孩子需要什么样的回应？

具体该怎么做呢？我举个例子，大家就明白了。

家里只有一颗糖果了，爸爸和 4 岁的女儿猜丁壳，赢了的才可以吃这个糖果，一局猜完之后，爸爸赢了，并且拿走了那颗糖果，这时候女儿眼泪在眼睛里打转，对妈妈说："我不哭。"

1. 听孩子的情绪和感受。

女儿输了比赛很难过，这是她现在的主要情绪，没有吃到那颗糖，或者看到爸爸真的把那颗糖拿走了，会有点遗憾，又或者有点委屈，可能她原本以为爸爸会让给她吃，但是爸爸没有。

2. 孩子的目的和需求。

女儿对妈妈说"我不哭"，她是想表现出一种坚强，并且希望妈妈看到自己的坚强，同时那些难过和委屈的情绪，也希望得到妈妈的理解。

3. 孩子需要什么样子的回应。

这个时候妈妈最好的回应应该是说："宝贝，输了比赛你很难过，吃不到糖果会感觉有点遗憾，妈妈也看到你很坚强，告诉自己不能哭，妈妈为你的坚强点个赞。下次比赛咱们还可以赢回来，如果下次输了，咱们还有下下次，机会总会有的。"

这样回应孩子之后，是不是比告诉孩子"宝贝你真棒，宝贝你真坚强"要好得多？

有的孩子在语言的表达上还是不错的，但是在倾听别人讲话时，不是东张西望在一边做小动作，就是只顾低头自己玩，根本就没心思倾听别人讲话，这是很不礼貌和不尊重人的行为。倾听是我们日常生活中所必需的交流环节。学会合理倾听，能让人找到缓解压力和解决问题的方法。

那么如何让孩子学会倾听呢？

一是家长要做好认真倾听的榜样：家长要多注意观察孩子的一举一动，随时发现孩子情感的变化，家长良好的倾听习惯是孩子将来养成倾听习惯的基础。家长的一言一行、一举一动都是孩子学习倾听的最好榜样。因此，即使是在家里，家长也要特别注意交谈时的方式和礼仪，专心听对方讲话，不要同时做其他的事。孩子在陈述事情时，不要打断孩子的陈述，这样不仅会给孩子造成不好的影响，也会对家长教育孩子产生影响，所以家长要管理好自己才行。

二是在倾听孩子说话时，家长要专心和适时的回应：如果家长只顾听孩子说，而不用自己的声音传递专注，会引起孩子误会，以为家长再想别的问题，没有在倾听自己说话。在与孩子说话时，低声细语能让孩子感到与家长处在平等的地位上，有助于孩子对家长敞开心扉。

三是要及时对孩子的倾听行为做出表扬和肯定：对孩子来说，很喜欢被家长表扬与赞赏，所以当孩子能坐下来听家长讲话，家长应该多说些鼓励夸奖的话，让孩子感到家长对自己的尊重。表扬孩子要学会方法，不能夸夸其谈，也不能表扬过度了，孩子做一些事情就表扬一下，这样会让孩子对表扬产生依赖，而害怕失败了，一旦孩子做错事情，就往往不知道怎么办了。

自觉性，是优秀孩子应该具备的好习惯

任何技能、品质的养成和提升，都需要不断地重复和练习，让孩子养成好的习惯，即便没有在家长督促的情况下依然可以保持这样的习惯，是非常重要的。

回顾一下大多数家长带孩子的过程：

孩子两岁的时候，你追着他喂饭；

孩子三岁的时候，你追着他认字；

孩子四岁的时候，你追着他念诗；

好不容易熬到孩子六岁上学，你还得追着他写作业；简直头疼，还不如上班工作来得轻松，每个晚上，家有学生娃的爸爸妈妈，都会上演一场鸡飞狗跳的伦理武打剧。家长不禁感慨：这日子，啥时候才是个头啊？孩子为什么就不能自己主动学点什么呢？

其实，并不是孩子不能，而是家长没有教好罢了。

现实生活中，我们看到的情形大多都是父母跟在后面监督、催促着孩子，一松懈下来，孩子也变得懒怠，只想着玩。每个家长都希望孩子学习好，主动学习，靠的是孩子的自觉性。而这个自觉性，是需要父母培养的。

其实，想让孩子主动学习，下面这几点十分关键：

1. 早定规矩、严格执行

一个好的习惯，绝对不是一天两天就可以养成的，它是一次次的重复行为的结果。这就要求家长早早在孩子面前制定一个正确的规矩，并且要求孩子每天都要做到。没有哪个孩子天生就会学习，只要家长给他制定好规矩，并且有充分的耐心监督，时间久了，孩子自己也就有了这方面的意识。

比如每天回家后只有写好作业才能看电视，并且不能超过一个小时；每天读书半个小时，并且要学会复述故事内容；每天上课前一天提前预习新的学习内容，复习当天学习的内容等等。

定好规矩后，孩子和家长都必须严格按照这个标准来执行。做得好有奖励，没有做到就必须惩罚。不要随意变动规则的内容，并且坚持下去。否则就会破坏规矩的有效性，最后形同虚设。

2. 避免唠叨、督促

有时候，家长总是怕孩子沉迷游戏、电视而忘记了学习，所以每次看见孩子玩耍就会变得非常焦虑，下意识就要提醒孩子赶紧去学习。

"你怎么又在看电视啊，作业写完了吗?"

"别玩啦，你上次考试考了多少分啊，又开始放松了!"

……

可是，随着你不断的催促，你会发现孩子越来越不自觉了，反而变得更加拖延、懒惰、懈怠。因此，父母在生活中一定要减少唠叨说教，长话短说，引导孩子懂得为自己负责，明白学习是自己的事，而不应该是家长天天操心。

3. 树立目标，积极实现

学习是一个过程，如果我们不知道终点在哪里，很快就会倦怠，然后丧失信心，前进也就没有了动力。但如果设置几个比较容易实现的小的目标，就会起到很明显的激励作用。

所以，家长应该多多了解孩子的学习情况，根据孩子学习的实际，来跟他探讨，并制定明确的学习目标，并鼓励孩子主动学习。

除了自主感，培养孩子学习主动性另一个关键，就是让孩子产生学习上的成就感。这就需要家长对孩子的目标要求应该由低到高，循序渐进，并做到因人而异。让孩子通过完成一个个阶段性的小目标，获得学习上的成就感，觉得自己能行。孩子对每一次学习都感到愉快、喜悦，从而产生继续学习的浓厚兴趣。

4. 培养主动感，多点陪伴

想不想学，最终还是由孩子自己决定。家长如果操控过多，孩子反而会产生逆反的心理。家长放手，把主动权交给孩子，鼓励他自己安排学习的时间和内容，并在孩子学习的过程中，多一点时间陪伴他。

在陪伴的过程中，家长不要像个老师一样去监督孩子，作业是否做错了、字是否写歪了，一旦发现就开始责骂。这样营造出来的紧张氛围会让孩子觉得惊恐，不利于他主动学习。

家长不要将家庭气氛营造得过于严厉、苛刻，而是尽量包容、宽松一点，少拿孩子与别人家孩子作比较，少一点威胁，多一点鼓励。

5. 以身作则、树立榜样

我们常常会说：父母永远是孩子最好的老师。如果你希望孩子长大成为什么样的人，那最好的方法就是，你变成这样的人。有时候，你会发现，并不是孩子不想学好，而是环境影响了他。

你一边刷着手机，却一边让孩子不要看电视，孩子当然是不情愿的。如果每天这个时候，爸爸妈妈都是在认真地看书，那么孩子自然而然也会觉得自己应该学习。

　　孩子是懂得比较的。如果你的孩子做不到主动学习，首先要思考一下自己做到位没有，自己做好了再去教育、启发孩子。要求孩子做到的，自己也需严格要求自己，看看书、认真工作、做家务，努力给孩子营造一种良好、温馨的学习环境。因此父母要懂得以身作则，比任何多余的管教都要管用。学会这几点，孩子主动学习不在话下，家长们赶紧试试吧。